論語通解

王鹏翔 编

封面题字

封面由被称为"军中一支笔"的北京露云斋主人梁光彩先生题写。

扉页由中国佛教文化研究所研究员、重庆华岩文教基金会理事长、重庆市佛教协会副会长道坚法师题。

百花洲文艺出版社
BAIHUAZHOU LITERATURE AND ART PRESS

图书在版编目（CIP）数据

　　《论语》通解 / 王鹏翔编 . -- 南昌：百花洲文艺出版社，2021.1
　　ISBN 978-7-5500-4126-4

　　Ⅰ . ①论… Ⅱ . ①王… Ⅲ . ①儒家 ②《论语》– 注释 ③《论语》– 译文 Ⅳ . ① B222.22

　　中国版本图书馆 CIP 数据核字 (2021) 第 011052 号

《论语》通解

王鹏翔 编

出 版 人：章华荣
责任编辑：刘　云　陈启辉
书籍设计：隐园文化
出版发行：百花洲文艺出版社
地　　址：南昌市红谷滩新区世贸路 898 号博能中心 20 楼
邮　　编：330038
经　　销：全国新华书店
印　　刷：长沙长大成彩印有限公司
开　　本：170mm×240mm 1/16　印张 18
版　　次：2021 年 1 月第 1 版第 1 次印刷
字　　数：400 千字
书　　号：ISBN 978-7-5500-4126-4
定　　价：98.00 元

赣版权登字　05-2021-126

邮购联系：0791-86895108
网址：http://www.bhzwy.com
图书若有印装错误，影响阅读，可向承印厂联系调换。

《论语通解》序

余涛生

庚子年，也许注定是一个不平凡的干支年份。在有生之年的这第一个庚子年里，我和所有中国同胞一起经历了前所未有的疫情——新型冠状病毒肺炎。从农历除夕前两日就开始蜗居，到现在一个多月过去，仍旧处于"宅"的状态。索性安静下来，当是一个难得的和家人朝夕相处的机会，也是职业生涯中难得的一次静修的机会。读书，也便是这种处境中的首选。除了读自己的存书，意外的是，远方的朋友还给我送来了他的著作让我校正，于是这个短暂的静修也便有了别样的意义。

王鹏翔这本《论语通解》对整个《论语》分篇章进行白话全译，加以现代意义的诠释，以期达到普及经典、传递文明的效果。本人通过对全书的阅读，有如下一些感想，愿意写出来和广大读者分享。

本书没有采用常见的《论语》版本的模式，对《论语》进行逐字逐句的译注，更多的是综合前贤的注疏，辅以当下语境的解读、阐述，以期把圣贤的教诲融入现实生活，让经典指导生活，让市民亲近经典。本书的白话"今译"部分要言不烦，基本能够传达《论语》原文的意旨。重点在"通解"部分，把经文融入当下语境进行的阐释——这一部分不是就经说经，而是结合现实生活中的相关问题进行阐述，并辅以历史记载、传说故事和当下事件，使本书有了现实意义，而不单纯是一部"解经"的作品。

其次，本书虽然由民间学者撰写，但是全书的行文是严谨的，是一部颇有学养的普及读本。大致说来，本书参考了程颢、程颐、朱熹、郑玄、范宁、王艮以及《论语正义》《史记》《管子》《尚书》《孔子家语》《荀子》《周易》《礼记》《孝经》《诗经》《曾国藩家书》《春秋繁露篇》《孙子》《春秋谷梁传》《春秋左氏传》《论语何晏集解》《鬼谷子》《孟子》《明史》及《称谓录》等传统典籍，因此本书的文献价值不容小觑。

本书别具一格的在每章末尾附了一首偈子，对本章进行概括申说。这些偈子从三字句到七字句不等，都是四句，采用汉语拼音（诗词界称为"新韵"）押韵，是本章经文乃至译文的浓缩。采用这种体裁，可以说是今日常见论语版本前所未有的，也是一种很有意义的尝试和创造。本人与作者素未谋面，不清楚其人生阅历和问学道路，但是通过对本书的阅读，约略可以推想作者是有一定佛学修养的——本书 5.12、5.13、5.25 和 9.17 等篇章都有对佛经及其典故的引述，虽然篇幅不长，但是依旧可以看出作者的佛学修为。也许正因为此，作者才采用了佛经固有的一种短小精悍的体裁——儒释融合又何尝不是朱陆以降的一种趋向？

本书在对经文进行通解的时候，常常采用一种模拟场景，用换位和设问的手段，引发读者的思考，这也是过去《论语》读本没有涉及到的。因为《论语》是语录体，记录的是孔门师徒的对话，对话人物比较少，本书作者常常会设问"如果是另一个学生会怎样问？""如果孔子说透了这个话题会怎样？"这种手法的采用，就突破了经典的文本限制，可以激发读者的思考活力，毋宁说是一种很有创造性的写作。

当然，本书并非毫无缺点。比如文献引用，尤其是古代学者论断，没有适当标明出处；偈子不够工整；个别冷僻字没有加以注释等。但是这些都不能掩盖本书散发出的思想的光芒，以及对中国文化传统和经典典籍的深厚感情。作者并非中国哲学或者传统文化的专业学者，所以对这本书在学术性上做过高要求，是苛刻而不现实的——可以更进一步说，对民间学者提出专业性、学术性的要求，是求全责备而错误的。这部《通解》饱含了作者对中国传统经典的热爱，以及对推广文化传统的热情；在《论语》经文的阐释上也是严肃认真的，并没有沾染时下浮躁的学风，和对经典的过度解读、牵强附会。可以说，本书放在古今所有的《论语》读本里，都是毫无逊色的。

庚子年的春天已经来了一个月，疫情尚未过去，仍旧有料峭春寒。然而《论语通解》这部书稿已经给我送来了和煦春风。期待它的面世，能够让大家一起聆听圣诲。

庚子惊蛰于守静斋

作者供职于重庆地质矿产研究院，中国民族史学会会员、多年钻研中国文史，薄有心得，创作旧体诗二千余首。

《论语通解》序

陈志伟

民间学者王鹏翔以数年之功作《论语通解》，主要依据南宋朱熹和近世钱穆的注疏，对《论语》进行贯通式的义理诠释，其情可表，其心可嘉，亦有所得；鹏翔以其所得嘱我为序，而我虽自觉学识浅薄，难堪重任，然其殷殷之意，实难推托，只好硬着头皮略为之说。

自古以来，疏解《论语》者可谓浩如烟海，近世以降，以现代视角重新诠释《论语》者也不可胜数。既如此，重新对《论语》进行通盘诠解还有无必要？这实际关系到对经典的理解。经典之为经典，端在于经典自身不可穷尽的丰富内蕴，以及运用经典应对现实问题的无限可能视角。意义的丰富性和经验的无限性使得对经典的诠解也是无限的。学院派学者往往注重对经典内在意蕴的深入挖掘，以开显经典的意义世界，民间学者则每每着眼于个人经历和心理体验，以期从经典中寻找与之对应的同声共振，来解决日常生活经验中遇到的现实问题。儒学向来被认为是"经世致用"之学，故而民间学者对经典的诠释路径也是非常值得我们重视的。从解释学立场来看，每一位对经典的诠解者，都会将个人独特的经验和偏见带入到理解之中，从而为我们提供某种新视角和新意味，丰富我们的意义世界，朱熹有言曰："圣人之心，浑然一理，而泛应曲当，用各不同。"经典解释者的解释角度和诠释路径，或只取圣人之一曲之当，却必应于其个人之心曲，而"人同此心，心同此理"，个人心曲未尝不是普遍之心的一个表现。由此可见，经典需要不断地被重新解读，《论语》作为传统儒家经传之首，深刻影响了中国两千多年的智识史，在当代仍然在塑造国民精神世界方面发挥着不容小觑的作用，所以我们更有必要对之一再回视和重释。从哲学的角度来说，哲学研究就是不断地返乡，古希腊是西方哲学的乡土，先秦则是中国哲学的乡土，返回乡土，学而时习，温故知新，大概是中国哲学研究的必由之路。

鹏翔解《论语》，其可贵之处在于，一是重视传统经典注疏和其他典籍与《论语》原文的互释，所用传统注疏和典籍繁多，且多用史实补充原文背景，令读者在理解原文时以历史背景为依托，符合于儒家融义理于情境之中的经典诠释原则，也契合于孔子重视"事"中之理的一贯之旨；二是每一章都以固定体例加以疏解，其体例为：(1)拟定标题，(2)原文抄录，(3)白话翻译，(4)义理通解，(5)按语洞识，(6)偈子点化，往往以点带线，以线牵面，由此兼顾深刻和全面，而其重点在每章的"通解"上，这一部分作者引经据典，深入浅出，以较为通俗的语言揭示《论语》原文深刻的内涵，为初学者指示了通往经典的简易之路。只是在每一章的标题拟定方面，作者是取自明末清初学者张岱的《四书遇》，或者从此章原文中拈出两字，或者总括此章大意以两字示之，未作更改，而间或有值得商榷之处，如《论语·颜渊》14章"子张问政。子曰：'居之无倦，行之以忠。'"张岱将其标题拟为"子张章"，而《论语》本身有"子张篇"，那么"子张章"与"子张篇"有什么关系？其实并没有关系，这种标题的拟定就有点随意了。《论语·子张》10章"子夏曰：'君子信而后劳其民。未信，则以为厉己也。信而后谏。未信，则以为谤己也。'"张岱将其标题拟为"劳谏章"，但很明显此章主题是"信"，其自拟标题显示不出这个主题，故似乎不甚妥帖。不过，为尊重古人，体察古人立意，此种拟定标题之法似也不宜作大规模改动。此外，作者在每章疏解之后都有一首仿五言偈子，总结概括此章大意，读来朗朗上口，对于理解原文义理，有提纲挈领的作用，这是作者在体例上的创新之举。

民间学者对传统经典疏解的工夫，可视为国学在民间仍有蓬勃生机的一个明证。国学者，乃培育吾国国民人格之中砥也。孔子创儒学，其言其行，《论语》详记之；孔颜之乐，吾辈当效之。效之为何？慕圣人之气象，学圣人之境界也。鹏翔为人忠厚敦实，其苦学深思，曲肱而枕，乐而忘忧，似有颜子之风存焉。此《论语通解》实为鹏翔与夫子细通款曲，探圣人之幽，察圣人之情，而将圣意疏解清晰并贡献于民间之一大努力。吾乐见其成，故不揣浅陋，为之序。

长安一苇 谨识

本文作者：西安电子科技大学人文学院哲学系教授

《论语通解》自序

王鹏翔

《论语》有云："子在川上曰：'逝者如斯夫，不舍昼夜'"，此语时常在我耳边响起，此刻，川流不息之画面犹如电影场景，不断在我脑海闪现。孔子思想精神乃至生命境界在此刻与时间一起凝固，一切便由此定格。这个场景离我很近、很近，似乎再往前一步，就能进入其中。那奔流不息之江水，犹如浩浩荡荡之潮流，不断向前方奔去，一望无际。这也恰似夫子博大仁厚之情怀，从春秋而来，直入我心间。

我自幼喜爱先秦诸子学说，常常被他们坦荡豁达之人格精神所吸引，总认为那时古人能极高明而道中庸，其深邃思想总能给人以无声启迪，而在诸子百家中，儒家思想对我影响最为深刻，尤其是这十年，当我沉心浸润其中，专心致志学习《论语》时，常常被孔子精神所感动，被孔门学人风采所折服，甚至有梦回先秦之错觉。孔子及其门人在那样动荡时代，为寻求梦想、几经磨难，屡遭困境而不改其志，如此精神，放在全世界人类思想史上，都算得上是极具魅力的璀璨星宿。

自汉以降，诠释《论语》者众，著作繁多，其中多有上乘之作，这些儒者为儒学发展、文化传承作出巨大贡献。以《论语》著述而言，如皇侃之《论语义疏》，朱熹之《论语集注》，刘宝楠之《论语正义》，钱穆之《论语新解》，杨伯峻之《论语译注》等，皆为时代之代表，皆有其难以逾越的思想高度，但是因文言表达与白话文理解之间所形成的鸿沟，若非专业人士，现代人一般很难深入其中。这就使得古人璀璨思想束之高阁而无法继续发挥它应有作用，甚为可惜。

我学《论语》，亦参阅研读上述《论语》经典著述，从中受益颇多，甚至改变我以往的观念。我在阅读这些著作时候，常常会摘抄一些对我影响深刻的语句，以便于温习。久而久之，几年下来竟然得了几十万字的摘抄笔记。再凭借这些摘抄笔记和自己平日所悟，撰写了七十万余字的读书札记。札记完成后，重新温习，发现又有许多不尽人意处，于是删繁就简。再后来，心一热，干脆起名《论语通解》，之所叫"通解"，实在是借此表达我的一点想法。

"通解"二字，在义理而言，与通达相近，可谓下学而上达。就本书而言则有三层意思：

第一是通古，子曰："述而不作"，对于本有文化而言，我们只需传承，无需另张旗鼓，本文宗旨在于忠实原著，不敢有丝毫臆断。所以，无论在"今译"部分还是在"通解"部分，都极力在诠释原著本身思想，继而进行阐述，以便于今人阅读而有所触动。

第二是通今，"古为今用"，无论历史如何变迁，科技如何进步，只要人性中的贪婪、执着、愚痴等习性未曾磨灭，则圣贤之言论、思想就有必要存在。古圣先贤的智慧、仁德正于此发挥作用。本书抛开义理而言义理，以自身之经历、见解，在遵从古人注解基础上，加入了个人体悟和理解。

三是通俗，通俗在于雅俗共赏，通过描述历史故事和各类民间传说、生活趣闻，以达到更好阐述原著义理的目的。书中时而穿插历史典故，时而阐述个人见解。然而，无论是以史为鉴，还是以事为用，皆能证明圣贤之教并未远去。

本书撰写历经十载，在此过程中，得到许多朋友的提携与指点，在此特别鸣谢广州大佛寺《如是雨林》的主编妙慧法师和台湾著名学者谷瑞照老先生，在二位师长的鼓励下，才能让此稿得以完成。一并感谢西安电子科技大学的陈志伟教授、福建三明学院徐涓副教授、重庆地质矿产研究院余涛生先生、甘肃平凉传统文化促进会秦治老先生、秦荣光先生，原武警交通部队首长刘文兴先生，广东珠江钢管集团董事长陈国雄先生以及许许多多关心此稿的朋友以及我的家人。在生活最困境的时候，他们一直默默支持才使得我能够平心修学。正是在大家的不断督促之下，才让此书最终得以完成。

庚子年惊蛰于焕文书院

目录

述而篇·第七

学而篇·第一

时习章

【原文】1.1 子曰："学而时习之不亦说乎！有朋自远方来不亦乐乎！人不知而不愠不亦君子乎？"

【今译】孔子说："学能时时温习，不也很高兴吗？有朋友从远处来，不也很快乐吗？别人不知道我，我并不会怨恨，不也是君子吗？"

【通解】"子曰"，"子"古时对男子的美称，春秋以后，执政之卿亦称子，后来对于有学问的人亦称子，譬如孔子、孟子、荀子等，此章特指孔子。在《论语》里还有孔子的弟子有若、曾参亦称"子"。

"学"，《说文解字》云："斅（xiào），觉悟也。从教从冂（jiōng）。冂，尚朦也，臼声。篆文斅省"。《易》曰："成象之谓乾，效法之谓坤。"学也者，犹效法之意，道也者，成象之谓也。圣人曰："下学而上达"，下学谓之器，上之是谓道，从士希贤，到贤希圣，再至圣希天。《颜氏家训·勉学》云："夫学者犹种树也，春玩其华，秋登其实。讲论文章，春华也。修身利行，秋实也"。朱子说："人行皆善，而觉有先后，后觉者必效仿先觉之所为，乃可以明善而复其初也。"

《论语》在门人编撰和整理时，为何要把"学"字放在第一篇的第一章，从上所述，便可窥见其用心。儒家从孔子及至于孟子，以嘉许人性之善而设教天下，唯有接受人性之善者，才能接受人性本有之良知。唯有良知才能从学从觉。有这样一则故事，在人类还没有丧葬之礼前，人死以后，大多弃之于荒野，有人不经意间路过其父母尸骨，心生不忍，惭愧不已，汗如雨下，遂掘坑埋于土中，逢节祭祀。此人便是一位先觉之人，又有人见此人之举，亦寻得其父母之尸骨葬之，效仿先觉逢节祭祀，以缅怀之，此便是后觉。伊尹曰："天之生斯民也，使先知觉后知，使先觉觉后觉也。"人生禀气不齐，为学为教方能补不足，由此而从知从觉。孙中山先生说：

"人有先知先觉，后知后觉，也有不知不觉"之分，而为学之道便是从不知不觉到后知后觉，再到先知先觉的过程。而走向觉醒的过程中，亦是不断祛除私意，唤起自我良知的过程。从行到心，从心到行，以恢复本性之良能。荀子说："君子博学而日参省乎己，则知明而行无过矣。故不登高山不知天之高也；不临深谷，不知地之厚也；不闻先王之遗言，不知学问之大也"。荀子便是要教人以古圣先贤之教诲为后觉趋向先觉的途径。故此，若人想要成为一个觉醒的人，最少需要从两个方面做起，其一，读诵经典，以经为径，学习先觉，用心体悟，这便是从心从行。从心从行，皆由思而成。程子曰："凡事思所以然，天下第一学问。"诸子百家之患，起于思而不学；世儒之患，起于学而不思。于所学处，能否自求其所以然者而思之否？圣人曰："学而不思则罔，学而不思则殆"学思相继，而后能知其本。

习者，习于事。如此则为圣人知行合一的不二之法。其二，时时实践，以身行经，最终成为发自内心的真情流露，此便是从行从心。最终知行合一，行中有知，知中有行，成圣成贤。然而，无论以学为觉，抑或是以觉为学，皆有主动、恳切之意，为学之道，若无此番心，焉能称之为"学"乎？唯有主动的，恳切之为学之心，方能心甘情愿地为学为觉，乃至于为行。如此方能入心入骨，尔后脱胎换骨。

故而经文中有是言曰"时习"，此实乃儒家登堂入室之门户，先有恳切向学之心，才有为学之心、为学之行，尔后有为学之乐，经文中"说"为"乐"。譬如有人一心要在某事上有所得，便竭尽全力，宁舍生命而追寻，无论如何艰难，如何困苦，终究皇天不负，寻而得之，焉为有不乐之理乎？况乎觉醒之道，尽管坎坷，然一分耕耘便有一分收获，虽有所苦，乐却更甚，乐在其中又能对谁说？此乃为学之其中一乐。

还有一乐，是为朋友之乐。经文云："有朋自远方来不亦乐乎！"朋者，志同道合，同类者是也。为学有苦有乐，苦者乐之必由之路也，焉有不知苦而能知乐者乎？然而，为学之最为苦者，在于不能得二三个同道相携也。当年朱熹先生的老师李侗去世后，因无人提点，几经荒废了。后遇得张栻，二人亦师亦友，使得朱夫子在治学之道上重新焕发出了生机，朱子与李侗为师生，其与张栻为朋友，前后之友谊，足以诠释朋友之义，朋友之贵也。

程子云："以善及人，而信者众，故可乐"，此便是另一种可称之为同道之朋友。《史记·世家》云："定公五年，鲁子大夫以下，皆僭离于正道，故孔子不仕，退而修诗书礼乐，弟子弥众，至自远方，莫不受业焉"。此乃以善教与善学者，大道之行，在于教能有传，化民成俗。《学记》有言曰："学至大成，足以化民易俗，近者说服，而远者怀之，此大学之道"。如此则足以说明为学已有成就，又能流传于天下，以复兴大道，焉能不乐乎？此为第二乐。

然而，有乐便有愠，愠者，怒也。"人不知而不愠"，此乃是检验学问薄厚之有力佐证。道尚浅者，每有所得，不被人所知，或不被人所理解，心有愠怒。实属心有期待，切盼有人能对己认同，是为不实，实为不诚之心作祟也。道深广者，信心倍增，全然一片赤诚，了无所期。伊川先生说："学在己，知不知在人，何愠之有。"皇侃亦云："君子易事，不求备于一人，故为教诲之道，若人有钝根不能知解者，君子恕之而不愠怒之也。"如此才是君子之道，遇人不能解其道，唯恕是从，全不见愠情起。

而愠者，不仅有愠怒之意，亦是一种情绪之表达，见人不能解大道，虽可以不愠，却有不肖于人者，亦非君子之德也。

【按语】学者，觉也，知也。习者，效也，行也。学在觉先觉之道，习在践行圣人之理。学为习之效，习为学之觉，知行为一，互为阴阳。念兹在兹，故能时时有学，时时有觉，时时有习。时时有觉，所以心有所得，乐在其中。同类曰朋，学有所得，心知圣人，类同圣贤。故我心与圣人同在，焉能不乐？内有圣意，外有礼乐。恕以待人，何愠之有乎？

> 儒门堂奥觉为先
> 希圣希贤学不厌
> 心同圣贤乐无边
> 不求人知图心安

务本章

【原文】1.2 有子曰："其为人也孝悌，而好犯上者鲜矣。不好犯上，而好作乱者，未之有也。君子务本，本立而道生。孝悌也者，其为人之本与。"

【今译】有子说："他的为人，能孝顺父母，友爱兄弟，而存心喜好触犯上级，这种人是很少的；如果他不喜欢触犯上级，而好作乱，这种人从来没有见过。君子致力于根本处，根本建立了，'道'就产生了。孝顺父母，友爱兄弟，该是仁道的根本啊！"

【通解】"有子"即孔子晚年的弟子有若，比孔子小43岁，也有说小33岁，后者较为可信。《论语》里，有子和曾子二人不称名，据此，则有若与曾参在《论语》被称"子"一事，自古聚讼不绝，有言有子与曾子之门人参与《论语》编辑工作者，有疑此说不实者，莫衷一是。据《礼记·檀弓上》、《孟子·滕文公上》以及《史记·仲尼弟子列传》记载，有若的样貌和孔子相貌相似，孔子去世后，门人对有若甚为尊重，故此尊称有若为子，但此说亦显牵强。

此章经文，为有子论孝悌之言，之所以将此章编在"学而"之后，便可知圣人教人，重在人伦，以人伦之道，导之以仁道是也。

学此章，需得把"孝悌"二字细细诠释一番，方能体悟圣人之用心处。

所谓"孝"者，今人受近代思潮之影响，总以为孝是有阶级而不平等的一种腐朽文化。殊不知，此正乃华夏文化之根本所在。若以平等而论，孝之概念亦属平等情感之范畴。

《孟子》曰："仁也者，人也。合而言之，道也。"而人道必先从心而起，仁者爱人，必先于父母兄弟。何以故？孝悌之心乃生命之故有，父母与我本为一体，一朝分娩，虽分为二，心能感通，愚昧者只因私己之心而泯灭此天性。上等人，有觉有知，孝悌之心，本自具足，自然能感知父母之所思所需。次等人，有觉而不知，圣人教人行孝悌之事，实乃保人性之根，以此良能之端，顺势而上，或可为合格之人生，或可以成圣成贤。此根若失，以何为人？何以成圣？圣人设教，既能上达，又能保本，实为人人可以成尧舜之最大依据也。

简而言之，能以己心感知父母之需求，并能做出合理的回应，以顺其心，是谓孝。此种感知，实属心性之本能，至妙至灵，人恒有之。能感知父母心之所向，便能感知兄弟之所需。对此两种切身之感情，能有正确之回馈，便是孝悌之道。《说文》曰"善事父母曰孝，善事兄长曰悌。"此亦是文化根本之所在。

再论平等之概念，儒家常以孝为本，却少有以慈爱待子者，这又是何种道理？孝慈固然是对等的，但有一个道理，须得明白，天下有人因为没有子女，不能为父母者，却没有任何人不是父母所生者。圣人布道，为人人而布，所以讲孝道，人人有份，若是讲慈，便是有人没有份。而且人人必先做子女才做父母，也只有孝心能伴随一生，即使父母去世了，亦能以孝心缅怀。讲慈，则只占了人生的一半。反之，凡有孝心者，心必慈以待子，亦能待人以善，纵有不善者，亦有人生之底线，不至于肆意妄为。

将孝悌之心向上推之便是君臣之义，向前推之，便是朋友之道。《曾子·立孝篇》云："是故未有君而忠臣可知者，孝子之谓也；未有长而顺下可知者，弟悌之谓也；未有治而能仕可知者，先修之谓也。故曰孝子善事君，弟悌善事长。君子一孝一悌，可谓知终矣。"经文云："犯上者"，上即上位者，犯，冒犯。特指犯上作乱者，为逆乱之事，逆乱之人违背人伦道德，是为不义，君子所不齿。

孝悌有道者，性格温和，仁爱及于物，君子以天下太平为己任，每遇上位者行有不正时，必直言以谏。遇乱世，守望正道，明知不可而为之，以安社稷人伦。亦谓之曰："孝顺孝悌之人，也有'犯上作乱'之事"，譬如武王伐纣，便属一例。又有《水浒传》里的李逵，为人孝顺父母，常常背着自己的母亲四处讨生活，即使自己不吃，亦要设法解决母亲之温饱。虽无同胞兄弟，但四海之内皆兄弟，待朋友肝胆相照。如此之人，却造了宋朝的反，沦为犯上作乱的"草寇"。然而，如此犯上作乱之人，即使被当时的官方称之为"乱臣贼子"，在民间，人人皆视其为英雄。原因何在？此与不作为之朝廷有关键之原因，若当时的宋朝能以生民为本、社会和谐，李逵焉能犯上乎？

有子此言成为了以孝治天下之开端，在古代，凡是有仁政意识之君主帝王，必定提倡孝悌，譬如尧舜禹。只可惜，后来之君王，皆以保其祖宗基业为名，未能诚心践行仁道，大行教化，实属遗憾。

有这样的一个故事，一个女孩在旅途中遇到了一只无家可归的小狼崽，心生怜悯，为了照顾它，就把它带回了家，几年后，狼崽长大了，狼的兽性开始不断膨胀，女孩决定把它放归大自然，为了让它适应残酷的自然环境，女孩也是费尽了心思。故事里有这样的一个画面，让人难以忘记。在荒无人烟的戈壁滩上，女孩的脚不小心受伤了，无法行动，狼崽竟然跑到很远的地方，用自己的嘴巴叼着缰绳牵来了一匹马，并用后腿撑起身子，前脚吃力地把女孩推上了马背。人们常说狼心狗肺，可眼前的狼所表现出的行为又算什么呢？孝顺不是道德的枷锁，更不是为了赢得称赞而刻意的表演。故事里的狼崽并没有受过教育，却在主人受伤时作出了出不顾一切的营救，狼能如此，何况人呢？儒家所倡导的孝悌之道，就是在人性的基础上做了最为合理的阐述。

常常看到一些父母含辛茹苦把孩子养大成人，省吃俭用送去上学，培养成才，有工作了，却和父母长期两地分离，原本家全人全，到头来却变成了空巢老人。老两口过着孤苦无依的生活。逢年过节，我们都知道给上司，给领导，给客户送礼，却很少有时间去陪陪自己父母。不禁让人叹息。父母毕竟不是圣人，对子女抚养还是有所期待，我们可以对一个萍水相逢的人能表现出毕恭毕敬的温和，而对于自己的父母又会如何呢？如果连自己的父母都不能用心去爱，连自己的兄弟都无法包容，对别人的爱又有几分是真的呢？孝从何来，爱往何处？

【按语】孝悌之人于清明之世能不犯上作乱。向学之人，以务本为重，故以孝悌之道为务，成人成道。

孝悌属本性

私己泯良心

若欲人道成

必从孝悌兴

鲜仁章

【原文】1.3 子曰："巧言令色鲜矣仁。"

【今译】孔子说："满口讨人喜欢之语，满脸讨人喜欢之容，这种人，仁心就很少了。"

【通解】"巧"，好义。"令"，善义。巧取即捷径，夫子曰："刚、毅、木、讷近于仁"，老子云"抱朴以守拙"，无论是做学问，还是为人处世，贵在守拙，戒取巧。所谓熟能生巧，巧乃是经验之学。学问、事业因时而变，只图巧，于学无益，于事亦无益。

"巧言令色"者，便与"花言巧语"有相近之意，所以《曾子立事篇》云："巧言令色，能小行而笃，难于仁矣"。中国戏曲里，喜欢将唯利是图之人装扮得甚为滑稽。此种人能把死的说成活的，然而，心怀叵测，总有让人难以捉摸之感。譬如《窦娥冤》里的张驴儿，一副贼眉鼠眼的样子，纵不求其有仁爱之德，亦不见其丝毫善意。故而，人人皆耻于做此种人。

仔细剖究此章之言，可举三意作解：

其一、求仁之道，不可贪求于巧力巧言，只图纸上工夫，此乃真修实干者所不为也。程子云："知巧言令色之非仁，则知仁矣。"夫子于此章并未曾言"巧言令色"之是非。却在不言处，教人以仁道。故而，为仁之道，当戒巧辞巧力，更不可成为巧言令色之人。

其二、刻意地讨好和取巧于他人的欢心，看似智慧了得，其心如何，唯有己知，求道首在诛心，此心乃私心，私心除，仁心方生。《大学》云："毋自欺也"。普通人之一生，唯有两件事情，即"自欺"和"欺人"，以巧言令色欺负别人，或他人之巧言令色自欺于己。不敢直视自我，更不愿意反省自我。巧言令色虽可怕，然皆属于表象，最可怕者，乃是自欺而不自知者。

其三、花言巧语，谈玄说妙，看似热闹非凡，于真理却相差甚远，为学之道，在于求其根本，不可被外相所迷惑。以至于迷失了本心，忘记了初心，便是得不偿失。克雷洛夫的寓言里有这样一则故事，有只乌鸦偷到一块肉，衔着站在大树上。路过此地的狐狸看见后，狐狸大肆夸奖乌鸦的身体魁梧、羽毛美丽，还说他应该成为鸟类之王，若能发出声音，那就更是当之无愧了。乌鸦为了要显示它能发出声音，便张嘴放声大叫，而那块叼在嘴里的肉瞬间掉落。狐狸跑上去，抢到了那块肉，并嘲笑说："喂，乌鸦，你若有头脑，真的可以当鸟类之王。"此寓言，乌鸦因喜听巧言，失去了食物，狐狸虽因巧语获得了食物，但却失去了爱心和信用。

【按语】巧以讨好，言以诓人，此所以"鲜矣仁"是也。仁德君子，以仁为本，仁出真心，焉能以欺人之言而行于世乎？故曰"鲜矣仁"，非可救药，若能自省，痛改前非以求仁，亦能得人，所谓道不远人也。

> 巧言得欢心
> 令色以诓人
> 欺心当下生
> 何以能得仁

三省章

【原文】1.4 曾子曰："吾日三省吾身：为人谋而不忠乎？与朋友交而不信乎？传不习乎？"

【今译】曾子说："我每天有三次反省自己。替别人办事，是否尽心尽力？和朋友相交，是否诚实守信？我所传授于人的，自己是否提前温习过？"

【通解】"曾子"名参（shēn），孔子晚年的弟子，字子舆，小孔子四十六岁（公元前 505-435 年），南武城（今山东平邑县附近）人。

"三省吾身"，省，省察，一日当中，三次省察，古语凡三和九一般表示次数频繁之意。曾子每时每刻都在反省自己的言行，生怕有所过失，所谓"战战兢兢，如临深渊，如履薄冰"便是他为学的切身写照，克己工夫之深，让人兴叹。此章所述之特点可窥曾子性格之一端。

反省亦有反观之意，类似于自己照镜子，发现脸上有不干净的东西，就要马上擦掉。曾子将镜子装在自己的心里，随时省察自己的言行，每遇违仁之事，当止则止。从孔子以后，凡是有成就，有建树的贤者，都有一个共性，他们和曾子一样，即自省的工夫非常了得。

此章亦为曾子进德修业的自我报告，以勉励后学当如此行反省之事，以求日新。"不忠乎？"忠，中也，朱子曰："尽己之谓忠"。忠诚出于自心，对人对事是否忠诚，惟有己知。答应了别人的事情，接受了他人的请求，或者担任某项职责，便要尽心尽力地去履行应有之职责。"忠"亦为公之意，很多人工作和生活分不开，占用工作时间处理私事，想自己的事情多，想公家的事情少，诸如此类现象颇多，是否尽心尽力，只有自己知道，惟有自我省察方能得知。所以，忠心与否，须得自我省察，若有不忠，努力改正，自觉实践，亦谓之忠也。

"不信乎？"以实之谓信。信属土，融汇于仁义礼智四德之中，每言仁义礼智而不言信者，皆因信在其中，若无信，则四德皆虚，故曰："无信不立"。君子行于事，以实为基，是谓信。

信者，亦朋友之道，五伦之义，朋友相交，以信为主，曾子所以省于此。对朋友所说的话，答应朋友要办的事，以一颗诚实之心相待，说出的话要真实无欺，答应的事要言而有信，此为守约，亦为信也。

人之信用往往被自己所破坏，常喜欢承诺，信口开河，当时也没有考虑过能否兑现，甚至于有时还未及思考便随意承诺。然而，有些事情在自己看来似乎没有那么重要，可是对所承诺的对象却是天大的事情，若不及时兑现，真乃害人害己。所以圣人尝言"慎言"。一旦承诺，宁可自己受损失亦要去落实，方是君子之德。

有朋友想把孩子送到城里的学校读书，另一位朋友不知出于何种心态，随意拍了胸脯，承诺了下来。开学之际，这位父亲却迟迟收不到儿子被学校录取的通知，而当时承诺的人早已将此事置于脑后，最后竟然害得小朋友上不了学，从此再也没有人愿意相信他的话了。

"传不习乎？"传者受师之传，习者温习，与"学而时习之"的"习"为同义。此句经文有两解；其一：老师传给我的学问，我可曾温习过？实践过？老师将学问传给我，我未能应用于日常，实在是有愧于师恩，此为不忠，亦为不守信。为师之人，当时时反省，将师之传，习之于日用，方能教化于后来者。其二：为师之道，贵在行道，未有自己未能行道而教于人者。每有学问传于人者，首先要问自己有没有做到？有没有温习？可曾实践过？夫子曰："温故而知新，可以为师矣"，为教之道，贵在有教无类，若不能预先温习以传授，便不能灵活多样地将学问呈现出来。所以，应当在教习之前，反省自己有无习乎。

此章可知曾子之好学处，刘宝楠曰："今曾子三省，既以忠信子勗（xu），又以师之所传，恐有不习，则其好学可知。"此言实在恳切。

【按语】为人之道，即为仁之道，仁者不离忠信，忠信成则仁义生。此忠信，可修齐治平于天下，可修德进业于己身。日用而不离，时时以反省，必能苟日新又日新也。

忠信立心间

日用莫等闲

传道温习新

仁道不相远

千乘章

【原文】1.5 子曰："道千3乘之国，敬事而信，节用而爱人，使民以时。"

【今译】孔子说："领导一个有千乘兵车的国家，处理政务要认真严肃，还有信实无欺。节省用度，以爱人为念。动用民力，要顾及他们的生产时间。"

【通解】"道千乘之国"，道者领导、治理的意思。"千乘"，乘（shèng），古代四匹马拉一辆兵车，春秋时，作战用兵车，国家的强弱亦可以从兵车的数量体现出来。领导、治理一个拥有千辆兵车这样的国家，需要如何去做？夫子于此章所言，乃是对有权有位者言。亦有可能是夫子就时局与学生所展开之讨论，就如何治理千乘之国，阐述了自己的观点。凡治理此规模之国家者，需要做好三件事情。

其一："敬事而信"，《释名》云："敬，警也。恒自肃警也。"此言"敬慎"者，"慎"亦肃警意。对待各项事务严谨有序，敬者谨慎专一，态度认真。夫子此言与老子"治大国若烹小鲜"有相近之义。上位者对于政务，不能不谨慎，国家政务，牵一发而动全身，所以不能不敬，不能不慎。又能守信于民，夫子曰："民无信不立"，此信乃上位者守约于民也，若上位者无信，则民焉能信于上？信生于诚，能以诚心待民，则民必以诚心相待于君上。领导团队，信守之意，相对于大众而言是被动的，领导者是主动的，只有主动才能引导被动，是谓上呼下应。领导者欲使众人以团队为家，应当先将队员当家人，如是方能立信于众。

其二："节用而爱人"，《易象传》云："节以制度，不伤财，不害民。"是以人君不知节用，必致伤财，且害民也。节省用度开支，力戒劳民伤财，上位者所需之一切用度开支，皆由民众供养。每有开支用度，需怀爱人之心，用度开支节少一点，民众就能宽松一点。因此，节用可以不伤财，不害民，是谓爱人。

其三："使民以时"，时即为农时，古时候的公共建设主要靠民力完成，非紧急事务，尽量不在农民耕种、收割的时间动用民力。也就是凡事先以农民之务为重，次之为国家事务。

若以上述三点为标准，再观历史朝代之兴衰更替，古今朝代之所以更替者，皆因君上私意用度，对民众之艰苦若无其事，大兴土木者有之，挥霍无度有之，最终导致民生艰难，无有生路，使民众对为政者丧失信心，不得不揭竿而起。此实乃不得已之举，亦乃社会之一大悲哀。《管子八观篇》云："国侈则用费，用费则民贫，民贫则奸智生，奸智生则邪巧作。故奸邪之所生，生于匮不足；匮不足之所生，生于侈；侈之所以生，生于无度。故曰审度量，节衣服，俭财用，禁侈泰，为国之急也。"故此，此章经文实乃仁政之开端，亦乃兴盛之本源。

【按语】敬、信、节用、爱人，使民以时，皆出仁心，仁心生，故能敬于事，以信于民，节用制度，心念大众，是为爱人之端。凡此五者，以敬为主，以信为用，以爱人为节用之本，所以能使民以时。

> 念念系苍生
> 举力皆谨慎
> 节用而爱人
> 华夏必兴盛

闻政章

【原文】1.10 子禽问于子贡曰："夫子至于是邦也，必闻其政，求之与？抑与之与？"，子贡曰："夫子温、良、恭、俭、让以得之，夫子之求之也，其诸异乎人之求之与？"

【今译】子禽问子贡道："夫子每到一个国家，必能听到其国家的政事，这是有心求到的呢？还是别人自愿告诉他的呢？"子贡说："夫子是靠温和、善良、恭庄、节制、谦让五者所得来的。夫子之求，和别人所求得的方法有所不同吧？"

【通解】子禽名亢，齐国人，又字子元，小孔子四十岁。子贡名端木赐，卫国人，小孔子三十一岁。两人皆是孔子的弟子。"夫子"是古代的尊称，凡是做过大夫的人，都可以如此称呼。孔子曾担任过鲁国的司寇，所以门人们称他为夫子，后来这一称谓得到沿袭，一般指老师，《论语》中，多数情况下特指孔子。

子禽见夫子每到一国，就能获得此国之政事，夫子是如何做到的呢？"求之与？"意思是：他四处求到的吗？"抑与之与？"还是别人自愿提供给他的呢？子禽不得其解，于是向子贡请教。为何子禽只找子贡探讨此问题，而不是向其他跟随孔子的弟子请教呢？这必然是有原因的，在《论语·子张篇》中，子禽对子贡极为赞颂，当时子贡已近暮年。此章，子禽向子贡单独求解心中的疑惑，是在子贡年纪尚轻时，由此可做两个推断；其一：子贡和夫子的关系比较亲密，所以子禽才请教于子贡。其二：子禽和子贡的关系向来就比较密切，子禽每有疑惑必先向子贡请教，如此才有后面子禽对子贡的赞美之辞。

孔门子弟中，子贡赞美夫子最多，最为维护夫子，若是论谁最了解夫子，恐怕非子贡莫属，他在回答子禽的问题时，用温、良、恭、俭、让五个字来概括夫子之德养，可谓精炼而又全面。

温即温和，良者善良，恭即恭庄，俭者节制，让即谦让。此五者，存乎内而显于外，内在之仁德涵养与天地合一，通过言谈举止流露出此五种态度。凡是见到夫子的人，都会被他的气质所慑服，上到国君政客，下至平民百姓，对夫子信而敬之，大家都坚信夫子这样的人是不会干预别人的政治的。朱熹曰："言夫子未尝求之，但其德容如是，如时君敬信。自从其政就而问之耳。非若他人必求之而后得也"。所以，凡是见到夫子的人，都愿意向他请教各类疑惑，或德养之事，或国家政事。

将此五字在心中细细玩味，便知世间的事情，如何是不求自来。郑玄曰："言夫子行此五得而得之，与人求异。"此求与人异者，实乃德行之感召，我们遇到困境，遇到阻挠，责任不在外，而在于我们内在的修养还不足以获得他人的信任和认可。遇事若能如此设想，于学必有所得。

"其诸异乎人之求之与"，其诸二字为语辞，诸是许多的意思，此二字也可作"当在"字讲，是当时齐鲁间语。孔子之所以异于常人者，乃是自然所得，所谓瓜熟蒂落，水到渠成，不求自来，此来不在外，而在自己。厚德能载物，德高得人敬。常人为达到某种目的，总是机关算尽，不择手段，处处只图自己的利益，其暴戾骄慢，贪婪自私的品格亦在其举止动静中显露无遗，让人见了不得不在心中戒备质疑，哪里还能不求自得呢？

【按语】温、良、恭、俭、让五者皆出于本性，乃德养自然之流露，人见之，心向往之，仰慕之，焉有不信生疑乎？人无德则无以取于人，人有德则四方皆敬之，此圣人之所以异乎常人者也。

> 温良恭俭让
> 五德耀四方
> 得闻夫子至
> 皆愿闻道详

观志章

【原文】1.11 子曰："父在观其志，父没观其行，三年无改于父之道，可谓孝矣。"

【今译】孔子说："父亲在世时，要观察儿子的志向，父亲去世了，要观察他的行为。在三年内依然不改变父亲的遗志和行为，算是孝了。"

【通解】"观其志"，"其"指儿子。父亲在世时，所有的权力和事务由其父亲掌管。儿子的德才无从展示，此时只能通过他的志向来考察他，看他的志向是不是继承父亲的志向。譬如父亲有善行，他能继承，其心必好善。父亲有不妥不善的言行，能及时劝谏，其心必忠。若是无论父亲善恶与否，儿子只是一味地奉承讨好，其心必诛，是为不孝。

"观其行"，其父去世后，其子得以自专，再也不受任何的拘束，在此时，最能看出一个人的品行修养。诸如此类的历史事件不胜枚举，隋朝的杨广就是一个反面典型，他的父亲隋文帝在位期间，社会繁荣，民生富庶、人民安居乐业、天下大治。隋文帝节俭爱民，真乃一代有作为之君主，但他的儿子杨广完全是一个虚伪的小人，在父亲面前极尽孝道，为人谦虚，其目的只是为了与他的兄长争宠，以获取帝位。隋文帝去世后，杨广继承大位，性情大变，从此飞扬跋扈，骄奢淫逸，其恶行最终将隋朝引入灭亡。

"三年无改于父之道"，"三年"有两说；一说：三年指特定期限。在古代，有守孝三年的礼制。君王之家，先主去世，新君继位，三年丧礼期间，悲戚方殷，无心问政，特别委任德才兼备的大臣代君理政。这三年里，国家事务依然遵循先主所制，不再更改。另一说：三年是指多年的意思；其父去世后，依然能发扬父亲的善行，避免父亲生前的不善之行，如此数年，善善相传，以善避恶，得到了亲朋乡邻的认可。父亲生前的善行得以被人传颂，而父亲不善的行为也早已被儿子的善行所遮盖。若能如此，便可以称之为孝。"可谓孝矣"。

　　【按语】孝者，显父母祖先之善，避父母祖先之不善。父在，体贴入微，竭尽其力。父没，避恶扬善，承顺其父之善，避除其父之不善。是谓孝矣。不孝者，则未知何也。

父在承其志

竭力为人子

一朝与父别

善行扬于世

礼用章

【原文】1.12 有子曰:"礼之用和为贵。先王之道斯为美,小大由之。有所不行,知和而和,不以礼节之,亦不可行也。"

【今译】有子说:"礼的运用,以处事能恰当为可贵。过去圣明的君王管理国家,其之所以美者正在于此。无论小事大事,他们都处理得很恰当。如果遇到有所行不通的地方,只知道以和为尚,不用礼规去作和中之节制,也是不可行的。"

【通解】"和为贵",和者调也,即适当,恰到好处的意思。礼以敬、以节为主,人与人之间,必须有规矩,有所制约。在古代没有法律的概念,但是对礼制极为重视,而"礼"在当时正是维护社会秩序最好的方式之一。设有天子之礼,诸侯之礼和丧祭之礼等,《管子心术篇》云:"登降揖让,贵贱有等,亲疏有体,谓之礼。"礼的一切运用并非死板和教条的,中间还有一个"和"字作调和,礼之目的在于和,也就是通过礼,使得人与人之间达到恰当、公平、合理的和谐秩序。自古以来的圣明君主"斯为美",斯即指礼,也指和,其所以美者,在于礼、和并行。无论小事还是大事,都能将礼、和二理运用于其中,不偏废于一端,故能相互融合,协调各方,不至偏废。

有子举例作了说明;譬如遇到此两者有所行不通时,"知和而和,不以礼节之,亦不可行也。"节即节制,限制的意思。如果只讲和,凡是都以和而论,就会失去原则,出现乱象,甚至事与愿违。在和的基础上,还是要以礼进行节制。诸如夫妇,朋友之间,和气是好的,若只是图和气而不分彼此,不分你我的时候,也就是矛盾即将出现的时候。人与人之间,人与社会等其他事物之间,需要有一个东西来制衡,这便是礼。无论多么亲密的关系,无论多么美好的事物,都要保持一个恰当的度,这个度便是礼之精神所在,朋友的事情,亲人的事情,该自己出手的时候,毫不犹豫，该让他们自己处理的时候，决不参与，此并非冷漠，而是适度。如果插手过多，不但有僭越之嫌，亦有可能给对方造成干扰和伤害。

因此，礼、和之间犹如天平，不可偏废于任何一方。即使这边多一点，那边少一点，都不符合礼、和的精神，此便是中庸之道，所以《贾道子术篇》云："刚柔得道谓之和，反和为乖。有子此章之旨，所以发明夫子中庸之义也。"如何在生活中应用呢？不但要明白道理，还要不断的实践体悟。学问需要和生活结合，如此才能让圣人的智慧成为我们生命的导航。

【按语】礼以和为贵，和以礼为节，此两者同出一门，执其一端而行，非礼之节，亦非和之贵，礼和者，成于先王之道，行于日用。如此反复参究，必能得其适中，行于亨通。

礼和大小由

偏废不相柔

先王斯为美

同出万世求

近义章

【原文】1.13 有子曰："信近于义，言可复也。恭敬于礼远耻辱也。因不失其亲亦可宗也。"

【今译】有子说："与人所承诺的符合于义，说出的话就可以兑现。待人恭敬符合于礼，就不会遭受侮辱。依靠关系深的人，就有了可依靠的。"

【通解】信者约信，承诺义。近者，接近，《说文》："近，附也。"相合之意。义者，《表记》云："义者，天下之制也"，合宜之意。信诺与义相合，信便不失其本，信诺若无义，信便不实。

"言可复也"，"复"践守之意。对人所做承诺符合义的精神，便可以践守，《曾子立事篇》云："言之必思复之，思复之必是无悔言，亦可谓慎矣"，而此"思无悔言"者，乃是有义之言，所以，在需要承诺时，须得慎思，是否合于义，自己能否践守，此乃信之初端。

《孔子家语》里记载了这样一则故事：大约在公元前 496 年左右，孔子与门人一行离开卫国前往陈国。经过卫国蒲邑（今河南长垣），此为公叔戍的封地，公叔戍乃卫国太子蒯聩的心腹，他深知孔子对于卫国政坛的作用，于是决定把孔子一行扣留下来，仗着人多力量大，逼迫孔子和他盟誓，并要求孔子从此不可以再回卫国都城帝丘，孔子一一应诺。因是而化解了一场危机，可是，在孔子离开蒲邑不久后，有人从卫国传来消息，卫灵公准备重用孔子，希望孔子马上回来。孔子便立刻决定返回帝丘。子贡疑惑地问道："老师，发誓订立的盟约难道也可以违背吗？"面对子贡的质疑，孔子的回答可谓一语惊人，他说："要盟也，神不听……要我以盟，非义也。"意思是说：在被要挟的情况下发誓订立的盟约，神灵是不认可的；用要挟的手段迫使人订立的盟约，是不合道义的。此类盟约或者承诺实乃胁迫，故而，可以不必践守。

"远耻辱也"，远即远离，避免的意思。见人只是一味地恭敬，一味地谦恭并不一定就正确。如何才能让恭敬他人变得适度，则需要有所制衡，此便是"礼"，恭敬而不合于礼，就会出现不周到，甚至使自己遭受屈辱。比如员工尊敬领导是应该的，倘若这个员工只是为了表示对领导的恭敬而刻意去为领导做一些超越他职责范围的事情，短时间内或许可以讨得领导的欢心，终究非长久之计，总有一天会遭受应有的惩罚。恭敬不合乎礼，就变成了谄媚讨好，亦非君子之所为。

"因不失其亲亦可宗也"，"因"字有两解；一说：因犹依，即依靠，亲为亲近有仁德的人，所亲近的人是有仁德的人，是为不失其亲，所以可以宗敬。另一说：因作姻字，即婚姻，婚姻乃指夫妇之道，需要慎重选择，方能以亲为尚，夫妇不失亲，故能化育后代，宗即宗族。《说文》云："宗，尊祖庙也。"亦有尊训之意，皇侃先生亦认为"宗"后为敬。若依本章前段经文所述之事，前一说较为可信，但后一说亦可包含于其中。《曾子立事篇》云："观其所爱亲，可以知其人矣。"也就是通过观察其所亲爱之正确与否，就可以判断其是何种人，常言云："人以群分，物以类聚，"择偶、择友、择师，无不是如此。简而言之，其人贤良与否，看其身边之人便能知晓一二，若是他能亲近、依靠、选择与有德之人相交，此人必为善良、贤良之人，以此而观，此人值得宗敬。

【按语】信以义近，其言可复。恭敬出乎礼，可远避耻辱。因以不失亲，故可宗也。言以复之，耻辱以远之，因以亲之，复、远、近三者，君子进德修业，谨言慎行之道也。

信义可复言
恭礼耻辱远
亲德必以宗
此为君子贤

好学章

【原文】1.14 子曰:"君子食无求饱,居无求安,敏于事而慎于言,就有道而正焉,可谓好学也已矣。"

【今译】孔子说:"君子对饮食不求饱足,居所不求舒适,勤劳敏捷地践行圣人之道,说话却很谨慎,又能常向有道之人匡正自己,这样的人,可以称之为好学了。"

【通解】此章以君子开端,"君子"一词在《论语》中,非特定词汇,有时指有德之人,有时指有位之人,此章特指有德之人,或者是指那些想要成为有德之人的人。《荀子性恶篇》云:"夫人虽有性质美而心辩知,必将求贤师而事之,择良友而友之,得贤师而事之,则所闻者,尧、舜、禹、汤之道也,得良友而友之,则所见者,忠信敬让之行也,身日进于仁义,而不自知也者,靡使然也。"此章所言,君子做到三点,可以称之为好学。

其一:对于饮食、居所所持的态度,即"食无求饱,居无求安",饱即饱足,食物丰盛,以图口腹之欢。安即舒适,居住之地奢华舒适,极尽享受。此两者,普通人都想拥有,并为此而不辞劳苦,甚至有人为此甘愿铤而走险,此类人以享受人间美味,居于奢华殿堂为人生最大的追求。然而,人之日常生活不过吃饭、睡觉二事,除此以外当有更为高远之志向,君子以学为重,温饱不过存活身命而已,进德修业方为至善之目标,譬如颜回,一箪食,一瓢饮,居住在陋巷,乐在其中。颜回之乐并不亚于富翁获得财富之乐。追求美食和财富并没有错,正如颜回在陋巷之乐,所好不同,人生轨迹亦异。

其二:对于言行的标准,即"敏于事而慎于言",敏即敏捷,迅速。事即圣人之事,圣人之道。慎者谨慎也。对于圣人之言,勤劳敏捷地去实践,去参究。而要说什么,该不该说,该如何去说,需要谨慎对待,比如自己没有做到的事情,要谨慎地说。对于自己没有把握的事情要小心地说。此两者，在行在言。常人言敏而行缓，君子行敏而言缓。正如子路"未之能行，唯恐有闻"者便是。

其三：及时匡正自己，即"就有道而正焉"，有道即有道德，有学问的人。正即匡正，修正的意思。前面说亲仁，亲近有仁德的人，以提升自己的品质。此章则是直接去请有道德的人来匡正自己，体现了主动修正自我的积极态度。由此可知此时的君子已经于学问有所得，需要过来人指点，以正其不足，此正是君子对自我学问的不满足和谦虚处。

凡能如此者，便是好学之人，君子在于学，知己学不足而能求贤改过，是为君子。

【按语】君子不以食宿所累，敏行慎言，修己向道。此之谓好学，君子在学，知学不足，是谓君子。小人所求不足者在食宿，君子所求不足者在于德不进。

食宿不求足

慎言行敏促

就道得匡正

君子以道宿

贫富章

【原文】1.15　子贡曰："贫而无谄，富而无骄，何如？"子曰："可也，未若贫而乐，富而好礼者也。"子贡曰："诗云：如切如磋，如琢如磨，其斯之谓与？"子曰："赐也！始可与言诗已矣，告诸往而知来者。"

【今译】子贡说："贫穷时不谄媚，富有时不骄傲，怎么样？"孔子说："可以了，但还不如贫穷时依然快乐，富有时能谦虚好礼。"子贡说：《诗经》上说：'像切呀、磋呀、琢呀、磨呀。'不正是这个意思吗？"孔子说："赐啊！以后可以和你谈诗了，告诉你这件事情，你就能在此基础上发挥，知道了以前所不知道的。"

【通解】此章是子贡向夫子报告学习心得的一段对话，请教问题的人是子贡，他将自己心中所想，如实向夫子作了汇报。其心之坦荡，其情之恳切，值得效仿和学习，试问今天的我们能做到否？

"贫而无谄，富而无骄，何如？"谄就是谄媚的意思，骄者骄傲。贫困时不向他人谄媚，以获取私利。富贵时不骄傲。这是子贡当时的心境，现在看来，富贵时不骄傲容易，贫困时不谄媚则难矣。人穷志气短，为了五斗米，哪有不折腰的？一般人能做到子贡的这般境界已经算是大修为了。于此不妨揣测一下，子贡为何将此心境报告给夫子？是因为他做到了，想表现一下自己吗？还是觉得自己还做得不够好，想求证一下呢？正如前章所言"就有道而正焉"让夫子来匡正他？从子贡的修养来说，后者更为亲切，他要请夫子为他匡正。

夫子对子贡的回答耐人寻味，他说："可也，未若。""可也"肯定语，对子贡之心境表示肯定与认同。不知道子贡当时听了这两个字是什么感觉。但是夫子立即话锋一转，接着说"未若贫而乐，富而好礼者也"，此语直接将子贡引入了另一处绝好的地方看风景。贫而乐者如颜回，以道为乐，不受物质所束缚。富贵时能礼待一切人，为人谦虚。这样的境界要比前面子贡所说的高出许多。

子贡这回终于被夫子引上了道，似乎明白了什么，引《诗经》之言，曰："如切如磋，如琢如磨，"问孔子是不是可以像这样理解？骨以切之，象以磋之，玉以琢之，石以磨之，如果无切、磋、琢、磨则骨、象、玉、石很难成器，子贡之所以引用这句话，就是明白了夫子精益求精的治学态度。若欲求道，就要有永无止境，更上一层楼的坚持。切不可稍有所得就洋洋得意而停滞不前。

子贡果然高人一等，夫子听完子贡的引述，甚为欢喜，便说道："赐也！始可与言诗已矣。"赐是子贡的名，此处为何要先呼其名而言呢？细心玩味，可以感觉到夫子对子贡的赞许之情，"诗"即《诗经》，并说从此以后可以和子贡谈论诗了。因为子贡能"告诸往而知来者"。诸，之也。子贡引诗以应夫子之义，善去类，故然之。往，告之以贫而乐道。来者，答以切磋琢磨。《释训》云："如切如磋，道学也，如琢如磨，自修也。"子贡以诗正道，足见其举一反三之智，夫子故而褒奖之。从此，夫子除了颜回可以谈诗以外，又多了子贡。

【按语】不以正道相求者，谄媚亦存也。不以好礼而富者，其心有慢也。未若贫有乐、富有礼也。学问者切磋琢磨者也，故能言诗。

> 贫困不改乐
>
> 富贵以礼得
>
> 子贡一得三
>
> 从此诗不绝

不患章

【原文】1.16 子曰："不患人之不己知，患不知人也。"

【今译】孔子说："我不愁别人不知道我，只愁我不知道人。"

【通解】"患"即忧患，担忧，着急的意思。圣人之患，患在不知人。常人之患，患在人不知己。圣人知人，在于安人。凡人之患人不知己，则在于不能扬名求利。同为人之忧患，两者之间却有天壤之别。

《学而》开篇云："人不知而不愠"，此章又云"不患人之不己知"。同在知人之患，却道出了凡圣之间的区别，凡人求名逐利，惟有被别人知道，才能体现出他的存在和价值，当不被人知的时候，便会有种种的情绪和烦恼。圣人君子以进德修业为重，所求者，在于知己知人，知人亦可分为两层意思。

其一："推己及人"。我们很容易知道自己的需求，但很难知道别人的需求。比如天冷了，要加衣服，由此也要想到父母兄弟，朋友，也需要被关心，被呵护。丰子恺说："非是我们爱惜蚂蚁，而不让人去踩踏，实在是因为怕踩蚂蚁的这份残忍扩充到人的身上。"此为由人及物，由物及人的同理心，亦为不忍之心。由此可以渐入知人爱人的境地。其二："知人安人"。知人安人乃是有教无类的先决条件。若不知他人之习性、需求，便无以循循善诱，修己安人。

【按语】不知人则不知是非之辨，亦不知如何安人，故为患也。凡人之患，患在人不知，故有怨恨。君子以修于己，辩是非，安于人为己任，故其所患者在不知人也。

> 人人皆有患
> 闻患知圣凡
> 圣人唯仁安
> 凡人以利乱

为政篇 · 第二

北辰章

【原文】2.1 子曰："为政以德，譬如北辰，居其所而众星拱之。"

【今译】孔子说："治理国家以道德为主，就如天上的北极星，安居其所，其它星辰便会自行围绕着它而运行。"

【通解】政即政治，道即道德，治理国家事务，以德为尊，此德乃是对上位者所提出的为政标准。现代人大多不知孔子之道，总以为夫子是君权的维护者，其言多愚民，如此看孔门，看孔子，实在错谬，危害不浅。

以此章为证，夫子对于为政者乃是有要求的，此要求以最高的道德为标准。纵观古今中外之历史，凡是上位者无道无德，国家必然生乱，乃至走向灭亡。但凡上位者有道有德如周文王者，必能开创出强盛的时代。

"北辰"有两说：一说是指北极星。另一说是指天体的方位。今用后说，天空无星之处，空体不动，而众星环绕。北辰譬如上位者，即人君。众星则是指大臣和民众。共与拱相通，意为围绕。范宁云："为政以德，则不动而化、不言而信、无为而成。所守者至简而能御烦，所处者至静而能制动，所务者至寡而能服众。"所以，上位者，重在修德，君主以德化民，力行仁政，民众便能拥护他，围绕他。《史记·五帝本纪》云："舜帝一年而所居成聚，二年成邑，三年成都。"这就是以德行感化的结果。人与人之间，上与下之间，唯有以德为尊，方能生生不息，繁荣兴盛。正所谓"其身正，不令而行"者是也。

然而"北辰"二字，不但有以上诸意，亦可以做一引申，无论是北极星抑或是天体方位，其规律的运行不仅需要德行感召，星体之间亦有各自的运行轨迹，此种轨迹引用于为政之道，亦是制度之形成。天地星辰有序，乃制度之永恒不熄，唯有合理而健全的制度才能孕育出伟大之人格。

此章举三国时管宁的事迹，加以复述。

管宁生于公元 158 年，卒于 241 年，享年 84 岁。为三国时期少有之大儒。管宁从小就表现出高洁不凡的气质。十六岁时，父亲离世，表兄弟们怜悯他孤独贫困，赠予他治丧的费用，他一一回绝，并根据自己的财力为父亲送终。东汉末期，天下大乱，管宁听说辽东太守公孙度在海外推行政令，就与邴原、王烈带着各自的族人，从海路来到辽东。公孙度以极高的规格迎接了他们的到来，管宁拜见公孙度，只谈儒家经典而不语世事、时政、军事诸事，以保持距离，不愿染指东北事务。自此以后，管宁住在了辽东北部的山谷中，后来到此避难的人都愿意跟从他，不到一个月时间，山谷变成了村落，人口越来越多。管宁便带领他们开垦荒地，自食其力，然后又教他们读书学习，平时讲解《诗经》、《书经》，谈祭礼、整治威仪、陈明礼让等教化工作，人们都很乐于接受管宁的教导，大家都很爱戴他。管宁在辽东居住了三十多年。文天祥《正气歌》所云："或为辽东帽，清操厉冰雪"说的就是管宁，管宁以一介平民之身，恪守儒道，感召了无数落难的人，并设法教化他们，其言行可以诠释此章之本意。

【按语】政者正也，德也。德生而道立，其所以立，必有所趋，故为政之道皆在于上位者之道德，君有德而天下有道，君无德而天下遭殃。人之与人也，惟德是存，德德共生，譬如北辰，有德者天下皆可以向其德而行之，是谓拱之。夫子警示名言，为政者不可不为，为德者不可不慎。

> 为政在其德
> 有德祸乱歇
> 譬如北辰位
> 星辰共所得

无邪章

【原文】2.2 子曰:"诗三百,一言以蔽之,曰:思无邪。"

【今译】孔子说:"《诗经》三百篇,用一句话概括,即'思无邪'。"

【通解】据《史记》记载,古《诗》有三千余篇,多记载伤风败俗,不利于教化的事情,后来,孔子删诗书,订礼乐,《诗》只剩下了三百零五篇,举其大数,所以言三百篇。

"蔽"涵盖,概括之意。《诗经》三百篇,以一言概括之,即"思无邪"。"思无邪"一语出自《诗经·鲁颂·驹篇》,孔子借其辞,概言所有的诗篇。程子曰:"思无邪者,诚也。"无邪便是正、是诚,其心诚,必形于外,思虑无私无邪,其心与天道合一,光明注照。《诗经》三百篇所述之事,无论是孝子忠臣,还是男女情愫,其言皆出于真情流溢,直述衷肠,毫无造作,以诗言志,籍天地万物之广博而化人伦之德养,其人之德以至于纯正纯善,故曰"思无邪"。

天地间,有正便有邪,正为本,邪为次,正不能扬时,邪便起来作祟,人性亦是如此。以人而言,邪者骄奢淫逸、损人利己;正者利己利人、修德进业。人的思虑也有正念邪念之分;正念为本性,邪念为习性,正念生可成尧舜,邪念起类同禽兽。君子复其本性,祛除邪妄,故而为君子。然而,复性祛邪非一日之功,须在时时念念中用功克除,此便是"慎思",以至于"慎言"、"慎行"、"慎独",若人能于此"四慎"行有所得,假以时日,必能至于"思无邪",与圣人君子同居。

【按语】无邪者其心必诚,故曰"诚于中,行于外"。君子立天地之大志,于其思虑中求其正,祛其邪,于日用中慎思、慎言、慎行、慎独之,必至于思无邪也。

> 诗经三百篇
>
> 皆为无邪言
>
> 君子慎其独
>
> 正气复连绵

道齐章

【原文】2.3 子曰："道之以政，齐之以刑，民免而无耻。道之以德，齐之以礼，有耻且格。"

【今译】孔子说："用政法领导民众，用刑法整顿民众，民众只求免于罪过，却不会有廉耻之心。如果用道德来领导民众，用礼来整顿民众，人们心中的廉耻之心得以保留，自能达到想要达到的方向。"

【通解】"道之以政"，道即引导的意思，政即政法。若用政法引导和管理民众，用刑罚整顿民众，则民众只会想方设法地让自己免于刑法的制裁，并不会在心中生起惭愧和羞耻之情。当一国之民众整日以研究如何规避法律的制裁为人生准则时，道德素质已经濒临坍塌了，人对道德的约束逐渐淡化，以至于出现人情冷漠的社会风气。在没有人监督的场所里，理所当然地随意丢弃手中的垃圾，在不受监督的区域内心安理得地肆意妄为，哪里还有羞耻感可言呢？我们切不可小视"耻"字，它是人性善恶的关键所在，譬如幼童会随地大小便而身心健康的成年则不会此种行为，这是因为幼童在心中还没有建立起羞耻感，大人则不然。由此可知，人有羞耻感，便能在不受监督的情况下知道何事可为，何事不可为，这便是做人的底线。

"道之以德"，德即道德，以道德引导民众，即上位者以文化教育引导民众，化民成德，民众便能"齐之以礼"，礼即制度品节，自律礼人。礼出于心，有别于"齐之以刑"，礼在内，刑罚在外，齐于礼，便是在心上做工夫，无论何时何地都能恪守自己的信仰，不做违背礼义之事。齐于刑，则只是在行为上做文章，有朝一日还是要去触犯刑罚，一时之齐，只不过是缺乏不齐于刑的机会而已。心中还是缺乏道德的底线，没有羞耻感。所以要道之以政，直指人心，德心相印，便能明是非，知善恶，有所不为，是谓君子之风，是谓"有耻且格"，格即至义，有归服、亲近、向往之意，不但能生出违背道德人伦的耻辱感，还能引导大众自觉完善自我之人格，若人人皆有利益他人之公心公德，天下就能太平，就能和谐共居。

治理一国，管理一域，德礼作为上策，刑罚为下策。用德礼，人心宾服。当管理者废弃礼义的教化而偏重于刑罚，最终会出现不可开化的暴民。历史上，秦朝只重法度，忽略德政，结果不出二世就引发了中国历史上的第一次大规模农民运动。

管理团队，也是如此，只讲制度，不重德化，这样的团队是缺乏凝聚力的。

【按语】道之以德，民尚礼而怀耻，礼乐兴盛。道之以政，民免罚而无耻，苟且暴戾，暴政是也。

政法苟其从

齐刑免耻容

德以心相印

四海可归仁

志学章

【原文】2.4　子曰："吾十有五而志于学，三十而立，四十而不惑，五十而知天命，六十而耳顺，七十而从心所欲不逾矩。"

【今译】孔子说："我十五岁的时候立志于学问。三十岁，能坚定自立了。四十岁，对一切道理能通达，不再有疑惑。五十岁，得知天命。六十岁，对于听到的一切，可以分辨真伪，明辨是非，心无违逆。七十岁，能随心所欲，心念不会有逾越规矩。"

【通解】此章经文，孔子自述其一生学问变化过程，以此劝人勤学。

"志于学"，志即志向，一心向往之境。有志必有学，孔子在十五岁就立定了志向，由此可见，立志当在少年，年轻时如果能抱定矢志不渝之志向，于一生之为人为学必有助益。或曰今日读了《论语》，方知立志之重要，虽年以渐老，亦能立志，所谓悬崖勒马，回头是岸。那么，圣人在他少年之时所立之志向又是什么呢？若是以一言概括，未免太显粗浅，恐有违夫子之本意，亦未必能说得明白。若将《论语》里孔子关于志向及平生所学联系起来，相互参究，方能真明白。吾人如能以孔子之志为志，以孔子所学为学习之路径，乃可谓真心向学之人，不枉费今生学习了《论语》，此亦乃学习《论语》之最大宗旨。

"三十而立"，立者成立之意，能站得住为立。不退转，不摇摆，能知进退，能守所立之志向，此为夫子为学的第二个阶段，若无少年立志，则十五至三十岁之间不知如何学？亦不知为何而学。夫子在十五年的时间里，不断围绕自己的志向切磋琢磨，于三十岁时能有所立所得，更为坚定了当日所立之志向。此为立长志的好处，凡人亦有志向，但常常立志，常常又舍弃志向，所以一生中既无所获，亦无所立。凡圣之异，正在于此。

"四十而不惑"，惑者疑惑，夫子曾言"知者不惑"，圣人有所立，故能不懈奋进，至四十岁时对以往所学不再有疑惑，拨云见日，通达明了。如果把志向比作火种，则所立更像是灯芯，火与灯芯相遇，顿时照亮黑暗，光之所到处皆能明晰。

"五十而知天命"，天命即指人生一切当行之道义和职责。子曰："不知命无以为君子"，知命方能知行，不知命则不知君子之道。《易》曰："自强不息，厚德载物"，乾道自强不息，大化流行，故能生育万物，此为天地之大义。圣人法天地而行仁道，矢志不渝。纵观夫子一生之行宜，明知不可为而为之，虽经困厄而不惧，纵遇生死亦无畏。诸如"天生德于予，桓魋其如予何？"，"天之未丧斯文也，匡人其如予何？"等语，皆为知天命，行仁义之证明。

夫子为学，臻入不惑之化境，自信极真极坚，如果说夫子之行，已经到了常人难以企及之境地，只能说孔子早已领悟了天命，是天地间最明白的人。凡人不知天，亦不知命，更不知生而为人者应尽之道，所以不辨是非，不知善恶，赖以打卦问签以求命之吉凶，殊不知人当有所守，孰能有所得。《易》曰："积善之家必有余庆，积不善之家必有余殃。"凡人不知天命为何物，惟善能得之，天有好生之德，人有恻隐之心，此理亦与天命相通。人之命，犹如中天之日，虽有光明万丈之景，亦有乌云密布之时，人生兴衰亦是如此，让人始料不及，只有自己的一念善心是自己能够做得了主的。也惟有这念善心下通人道，上接天命，此理不可不知，以善为本，笃信好学，学思并举，上下求索，学而能得，得而能通，便是不负人生。

"六十而耳顺"，顺者顺遂。圣人法天地之德，了了分明，一切事物之正反，一切问题之正邪，一切言论之顺逆，一切人物之善恶皆有其由，必有其所以然者，此乃天理造化，于此正反、正邪、顺逆、善恶之间，知我所守，知我所为，故能有教无类，因材施教，故能明知不可为而为之。纳遇反逆、邪恶而不从、以直而行。承顺天理，以顺化逆，此为圣人之智，圣人之德，圣人之仁也。

"七十而从心所欲不逾矩"，从者遵从，遵从己心。规即圆规，矩即曲尺。经文所以不言"规矩"而言矩者，心之所往，必有尺度准则，无有毫厘之僭越。于此无不感叹编者用词之精微谨言。而圣人到此境界，惟心所从，任由心行，好似放牧的童子，自在地骑在牛背上，任牛肆意而行，并不见牛踩踏庄稼农田，自知其止处，亦知其归所。学问至此，乃是克己复礼之功用，非一日之所成，一如曲折之苗木，若能于幼时合理修剪扶正，待其至壮木，其曲折处已无踪影，此时任由其生长，亦能笔直参天。为学之人，时时以道义相守，惟善是存，以至于随心所欲而不逾矩。

【按语】读此章，可知圣人立志之笃实，为学之精进。夫子自三十，每十年一大进。从所立至不惑，乃至知天命，而从心所欲而不逾矩，发愤忘食，惟道是从。夫子之学乃是真好学，夫子之德，万世不朽。

一生为己至圣境
十年成数显精进
邪思妄念全歇了
心不逾矩任我行

无违章

【原文】2.5 孟懿子问孝，子曰："无违。"樊迟御。子告之曰："孟懿子问孝于我，我对曰'无违。'"樊迟曰："何谓也？"子曰："生，事之以礼。死，葬之以礼，祭之以礼。"

【今译】孟懿子问："怎么样才是孝道？"孔子说："不要违逆。"不久，樊迟为夫子驾车，先生便说："孟孙向我问孝道，我回答说：'不要违逆'。"樊迟说："这是什么意思啊？"孔子说："父母在世时，应当依礼侍奉。父母去世了，当依礼而葬，依礼而祭祀。"

【通解】孟懿子乃鲁国大夫，三家权臣之一，姓仲孙，名何忌，"懿"是其谥号。其父僖子，在临死时，遗嘱他向孔子学礼。他是孔子早年的学生。后来孔子成为鲁国的司寇，主堕三家之都，何忌于此时抗命于夫子，所以后人未将其列入孔门弟子的序列当中。

孟懿子向夫子请教为孝之道，夫子以"无违"二字作答，似有深意，当年僖子在世时贤而好礼，懿子不能坚守父亲遗志，夫子鉴于此，方以"无违"二字教之，无违即无有违背于父之道。

没过多久，"樊迟御"，樊迟名须，孔子弟子，替孔子驾车。在行进的过程中，夫子将他和孟懿子之间的这段对话给樊迟复述了一遍，樊迟听完之后，竟然以"何谓也"发问，意思是什么意思啊？樊迟此问有两意，一者：夫子为何要如此简短地回答孟懿子的问题呢？二者："无违"二字是指什么意思呢？

话说夫子为什么要把他和孟懿子之间的对话告诉给樊迟呢？后世学人认为樊迟和孟懿子之间的关系比较亲密，将此事复述于樊迟，以便将未尽之意由樊迟转告于孟懿子。这次让樊迟驾车似乎也是夫子刻意的安排。夫子有教无类，用心良苦，诲人不倦之心于此可见一斑。

所谓"无违"者"生，事之以礼。死葬之以礼，祭之以礼。"意思是：父母在世时，应当依礼侍奉，侍奉父母的衣食住行，一切合于礼度。父母去世了，当依礼而葬，依礼而祭。夫子此语有三个礼字，简而论之，便是：无违于礼，以礼事亲，是为孝。

父母有不合礼义的地方，子女不应顺其非，以合于礼者侍奉父母，如此乃是对父母之至敬，此为孝。如果顺亲不能合于礼义，乃是其父母不足与为善，又将自己陷于非礼，有违逆之意。夫子言"无违"者，虽是对懿子一人之言。不违礼，亦可适用于天下所有人。其父贤良，子不违背，是不违礼。然夫子两次所言，义所相通。

【按语】孝道者，父母之生时以礼侍奉，父母没，以礼葬之，以礼祭之，乃为孝。夫子言无违者，乃是对懿子一人之言，以无违其父之贤良。复于樊迟言者，与前义相通，亦适于天下一切人之子，是谓不违于礼。以礼事亲，方为孝。

> 无违父亲贤
>
> 家风传万年
>
> 事亲礼周备
>
> 孝至仁义全

忧疾章

【原文】2.6 孟武伯问孝，子曰："父母唯其疾之忧。"

【今译】孟武伯向孔子请教孝道。孔子说："父母只为孝子的疾病忧虑。"

【通解】孟武伯是孟懿子的儿子，名彘，"武"是他的谥号。《周书谥法解说》云："刚强直理，威强睿德，克定祸乱，刑民克服，大志多穷"为"武"。由此推断，孟武伯为鲁国建立过功勋。孟武伯和他的父亲一样，经常向孔子请教问题，孟氏家族似乎都是好学之人，不知为何在后来却要干预朝政。

"唯其疾之忧"，父母只为其疾病为忧，子女侍奉父母，尽力不使父母有所忧患，然而，父母之所忧患者，唯有子女的康乐安危，别无他忧。人的疾病，自己无从主使，为人子女，若能于此体察父母之心，以父母之心为心，守身如玉，身体无恙，凡事求谨慎，凡事以求父母放心，是为孝也。夫子的这一点拨，足以让有仁心的人当场痛苦泪下，感念父母的恩情。《孝经》云："身体发肤受之父母，不敢毁伤"。为人子女，首先要善待自己，照顾好自己的身体，以免让父母为此而担忧。其次要照顾好自己的精神，如孟子所说的"养志"，人不一定需要经天纬地的才华，但要养一身浩然之正气。如此，可转父母"为疾之忧"为"为安之喜"

自己小时候特别顽皮，记得有一次，大冬天去山坡上滑雪，一不小心摔倒沟里，右脚底一下子被别人无意抛弃的锈钢筋扎了一个很深的洞，无法动弹，刺痛抽心，同伴着急，跑去告诉了妈妈，妈妈三步并作两步地跑来救我，眼神里充满担心和忧伤，生怕我有什么不测。二话不说将我背回家里，山坡很陡、很滑，在妈妈的背上能听到她吃力的呼吸声。那一个星期的时间，我一直卧床不起。铁锈残留在伤口内导致感染，妈妈用嘴为我吸取伤口流出的脓液，直至痊愈。父母给予了我们生命，还倾其所有的情感在子女身上，无怨无悔。

【按语】孟子曰："守孰为大，守身为大。"守身养正，体察父母之心，以求父母之放心，守谨慎，行端正，可谓之孝矣。

母子心连心

忧子情深深

若为孝亲恩

不以忧返亲

能养章

【原文】2.7 子游问孝,子曰:"今之孝者,是谓能养,至于犬马,皆能有养。不敬,何别乎?"

【今译】子游问孝道。孔子说:"现在的孝,只是能把父母养活就可以了。即使狗和马也能得到饲养。如果没有对父母的一片诚敬之心,养活父母和饲养狗马有什么区别呢?"

【通解】子游名叫言偃,字子游,是孔子晚年的弟子。吴国人,比孔子小三十五岁。是孔子的高徒,对于儒学的传播做出过卓越的贡献。

此章子游向夫子请教孝道,或许是子游对父母爱深而敬少的缘故,夫子以"敬养"之别,作以开解。提醒子游,侍奉父母,不仅要养活,还要恭敬。

"今之孝者,是谓能养",此为开语,养即养活,只把养活父母的身命当成了孝,以为只给父母提供吃的,保障他的住宿就可以了。

夫子作答弟子提问,向来以问者自身的问题为作答的基础,因材施教,但为何在此章不言"汝之孝者"而言"今之孝者"呢?"今之"二字既反映了当时的现状,更是子游自身的弊病,夫子似有意用"今之"二字,以顾及子游的感受,若言"汝之"似有训斥之意,用"今之"则要缓和许多,亦能起到诱导、劝诫的目的。使对方不至于生出逆反之心。此夫子之仁也。

所谓养者,并非孝,"至于犬马,皆能有养",养即饲养,狗和马,也能受到主人的饲养。如果以养为孝,则人与动物,父母和狗、马没有任何区别。如此之孝,不肖于对人说。如何区别呢?夫子说:"不敬,何别乎?"敬是孝的本心,所以人们常用"孝敬"二字作为对父母长辈供养时的称谓,孝敬二字本为一体,不可分割,若行孝,必有敬心。孟子说:养而不爱,豕畜之也,爱而不敬,犬畜之也。饲养家畜，只在于养活他的身命，侍奉父母则是人伦之情，不仅仅是为他们提供食物和居所，还有顾及到他们的情感，以父母之心为心，悉心感知他们内心的需求，并能付诸于行动，以让父母的身心皆能安泰便是孝，其中亦有敬。父母年龄大了，他们除了物质上需要我们供奉以外，也需要陪伴，抽空常回家看看，拉拉家常，听他们"唠叨"，父母就能心满意足，此亦为敬，敬即诚心，亦为贴心。

此章虽为夫子对子游所言，亦适用于时下的人们。

有这样的一则故事；古时候，有一位孝顺的读书人，他每遇到可口的食物或者舒适的用品，就会在心里想"如果能让我的母亲享用就好了"，时刻不忘记感念母恩，有一次他出了一趟远门，途中拜访了多年不见的挚友，挚友甚为热情，以美食款待，这位读书人看到如此大餐，又在心里想"这么精美的食物，如果能让我的母亲品尝到就好了"。就在此时，千里之外的母亲突然闻到了一阵阵饭香，老人家笑着对一旁的女儿说"你哥哥肯定又遇到美食想到惦记为娘了"，女儿不信。将此事及发生的时间记录了下来。不几日，哥哥返回，妹妹便将前日之事问于哥哥，书生仔细寻思一番，确有其事，和母亲所说一致。这个故事虽然有些神奇，但足以说明孝心确实能心心相印。若人能有此心，时时惦念父母恩情，必能成为孝子。

【按语】犬马以养者养其身，父母以敬其心。人子惟以父母之心为心，方为敬，方为孝。夫养敬之别，人畜之异也。

> 家有犬马停
> 以养存身命
> 人身自父母
> 孝敬报亲恩

色难章

【原文】2.8 子夏问孝，子曰："色难"。有事，弟子服其劳。有酒食，先生馔，曾是以为孝乎？

【今译】子夏问："怎样是孝道呢？"孔子说："难在子女对待父母的容色上。如果有事情，年轻人效劳，有了酒食，先让年长者食用，这就算孝吗？"

【通解】夫子对子夏之问，以"色难"二字作答，据此反推，子夏似对父母缺少温润之色。"色难"，和颜悦色为难。孝子侍奉父母最难做到和颜悦色。《小戴记·祭坛》云："孝子之有深爱者，必有和气，有和气者，必有愉色，有愉色者，必有婉容。"人的面色是其内心情感的流露，色难者，究其原因，仍然是心难，心无敬则色难。此为孝之根本，对于尽孝，人们往往有两点误解；

其一：以为能替父母分担事务为孝，即"有事，弟子服其劳"，弟子谓年幼者。父母长辈有事情需要帮助，孝子自愿为其效劳，做一些力所能及的事务。

其二：在饮食上有长幼之序即为孝，即"有酒食，先生馔"，先生指年长者，先生即为父兄。"馔"即陈列的意思，将饮食先陈设于长者前。

此两者虽为侍奉父母之必须应尽的事务，在观念上依然停留在"养"上，并无敬意，儒家的一切教理并非只是停留在人们的行为观念上，夫子"色难"二字实乃切心之语。孝子侍奉父母，若不能以和颜相待，即使能在行为上有所分担，依然离孝之本意相差甚远。因为，为人子，不但要在行为上于父母有真实的付出，还要发自内心地以欢喜之情甘愿承顺父母之所需。

我们可以给父母提供最好的居所，可以给他们最好的保障，但"色难"成为了很多孝子圆满孝心最大的障碍，古人认为"色难"之难的真正原因是我们从心里没有升起孝爱之心。只有从心念里认识到孝心的重要，才可以转"色难"为"色悦"。

忙忙碌碌中，为了生计而奔波的人们，在名闻利养的得失里，把自己变成了一个"宽厚"的人，为了生存，为了"道义"，为了"友情"，为了自己的理想，可以在外面露出和蔼的笑脸，展示出谦卑的态度，心里哪怕有再多的不情愿、不舒服，脸上依然露着笑容。但却无法像包容他人一样去包容最爱我们的亲人，我们可以肆无忌惮地在父母面前发泄自己的情绪，可以不计恩情地去指责他们的错误，厌烦他们的各种唠叨，甚至轻视，父母似乎成为了免费的仆人。

古人云："树欲静而风不止，子欲养而亲不待。"我们总以为父母可以一直陪我们终老！我们总以为父母永远不会老去。当有一天，突然发现那个曾经唠叨不休的老人不在了，再也找不到的时候，一切终将成为遗憾。他不会再给我们任何孝养的机会。父母为我们奉献了他们的整个后半生，而我们能陪伴在父母身边的时间屈指可数。

想一想，父母，那个把全部的爱给了我们的人！

想一想，父母，那个把整个世界给了我们的人！

想一想，父母，那鬓角已经斑白的发丝！

想一想，父母，我们有多久没有像小时候要玩具时的顺从了！

都说养儿能防老，可我们多久没有真正地去倾听父母的倾诉了！

等待鬓角，斑白！

等待满脸，皱纹！

等待弯腰，驼背！

究竟还有多少机会可以让我们对父母和颜悦色？

让"色难"在当下就变为"色悦"吧！这不仅仅是圣人对子夏的劝诫。更是对每一个具备人性的人所给予的提示！

反思！

【按语】色难者，心之所难也。孝子无心感知父母之心，故无心以待其亲。纵能养父母之身，亦无和颜之容以待。父母观其容，心有哀戚，是为无心伤有心。此君子不为也。何以化"色难"为"色悦"，当在心地求其诚，以生其敬。色难便可化为悦色。

父母与我本一体
一朝分娩操碎心
幼时体弱母难眠
夜半三更累双亲
壮年成家生儿女
方知父母心所殷
待见鬓白背屈膝
更待何时馈真情

如愚章

【原文】 2.9 子曰："吾与回言，终日不违，如愚。退而省其私，亦足以发，回也不愚。"

【今译】孔子说："我给颜回讲了一整天的课，整个过程中，他竟然没有提出过任何的质疑，显得很愚笨的样子。离开后，对他进行了考察，发现颜回在私下与其他弟子交流时，不但能抓住了所讲的核心，还能有所发挥。如此看来，颜回并不是愚笨的人。"

【通解】颜回，字渊，鲁国人，孔子最器重的弟子。比孔子小四十岁（公元前521年—公元前481年）。

"不违如愚"，不违即不相违背，此处之不违，可见颜回闻圣人之言，默识心融，形似枯井，犹如将水投入干涸的海绵。又好似大水流入沙漠，皆不见声色变化。那么颜回究竟属于哪一种人呢？夫子给颜回全天讲学，颜回竟然没有提出疑惑，或者问难。这让夫子有点意外。由此可见，夫子在平日里讲习的时候，可能有很多学生会提出一些疑惑，以便让老师解答。甚至会有人提出相反的意见，夫子对于学生的这些表现都已经习以为常了，这种氛围或许正是孔子教育的一大特色。夫子给颜回的这次讲学极有可能是他们师徒第一次单独授课。而颜回在课后的无疑惑，反倒引起夫子的注意。"如愚"，看上去很愚笨的样子，呆呆地，一言不发。

"退而省其私"，退即退出老师的居处。圣人省察其言行，一探究竟。之所以省其私者，在于能知人。不仅要知道其课堂表现，还要知其课后表现，全面的了知其思想言行，以便于因材实施。此处的"省其私"三字，不可轻易放过。一般老师但凡遇到天资好的才另眼相看，圣人之所以"省其私"是因为颜回"不违如愚"，愚是弱者，因为其弱，更加让圣人同情和怜悯，生怕辜负了他。此乃师之大德。

"亦足以发",发者发明,阐发,引申之意。《景德传灯录》云"见与师齐,减师半德。见过于师,方堪传授。"颜回在私下的言行与课堂上截然不同,他不但将夫子所讲的内容完全吸收和消化,并且还能在此基础上继续阐述和发明新的义理,须知阐发不是标新立异,标新立异是完全背离了师承,另起炉灶。阐发发明犹如修楼,老师所传授的学问是基础,大楼能修多高,则要看个人的天赋和努力。从夫子后来对颜回的评价来看,颜回之于圣人教言,能默而识之,触类旁通,可惜英年早逝,实在是可惜了。

通过对颜回私居时的考察,夫子彻底放心了,这个学生不是愚笨的人,于是欣喜地感叹说"回也不愚"。似有石头落地的感觉,词句经文,可谓情之使然,仁之显发。事实证明,颜子的确是有大智慧的人。

此章之言,乃是夫子对其他弟子所说,故此记录者才能将这段经典收录在《论语》。若夫子不说,恐怕不会有人知道。由此表露了夫子坦荡的胸襟。

【按语】如愚者,颜回全神贯注,全然无我之境,故能于私居亦足以发。颜回对夫子之敬,对夫子之诚,对夫子之信皆足。"省其私"可知圣人谨言敏行,若不谨言,其时便以言试于回,若不敏行,何以省其私? 以"不愚"二字知圣人得英才而欣喜之情。

> 颜回神情往
> 侍圣形茫茫
> 私居言能启
> 不愚仁道扬

观人章

【原文】2.10 子曰："视其所以,观其所由,察其所安,人焉廋哉!人焉廋哉!"

【今译】孔子说："要观察他因为什么才去做这件事情,再观察他是如何去做的,省察他做这件事情时的心情如何,安与不安?如此这般观察,他还能向何处去藏匿啊?他还能向何处去藏匿啊?"

【通解】此章孔子说了考察人的三个步骤和方法:

"所以",以即因,凡事必有因,考察一个人,先要考察他做事的动机,居心何在?安的是什么心?为公还是为私?这个很重要,普通人只知道对自己的好处,当有人对他示好的时候,还以为自己有多了不起,无暇顾及其他,即使想了很多,也未必就能深入。圣人有大仁大智,看待问题就像天上的太阳,直射其根本,不但直射其根本,还要照顾到其他的事物,所以总能周全。只要心存私欲,就不可能将问题看得全面,也不可能有高瞻的眼光。

"所由"由即经由。无论眼光是否高远,看待问题是否深入,做法亦是关键,是喜欢走捷径呢?还是甘愿冒一下风险,试试运气?或者是踏踏实实一步一个脚印地向前迈进呢?对于这些都要观察清楚。

"所安",安者安乐,心安在什么地方?心有怜悯的人,做了一点点对不起别人的事情,心里就很不安,很不舒服。而麻木不仁的人,恐怕做了任何对不起别人的事情都能处于心安理得的状态。心安的地方便是道德所能承受的底线。一个人在处理事情,做出选择的时候,难免有取舍有拣择,对于所取,他会表现出什么样的心境呢?对于所舍,他又会有怎么样的情感流露呢?

从视、观、察到所以、所由、所安,可知圣贤君子,能知正邪逆诈。由视至观,由观至察，由浅入深，由远及近，从所思至所行，再至所安，可谓从心到行，三位一体，若果能如此考察人，必让小人无处遁形，能让君子光耀四方。

读此章，学者亦可从自身之所以、所由、所安来修养自己，提高自己，凡事必问自己为什么要这样做？如何做？心安否？如此，学问必有增益。

【按语】此章夫子之言，乃是观人之法，亦为自省之法。由视入心，由观知行，由察知其心安处。内外统摄，令邪心妄念无处遁形。

动机出于心

所由知其行

安心得仁处

如此无遁形

温故章

【原文】2.11　子曰："温故而知新，可以为师矣。"

【今译】孔子说："通过温习旧的学问，可以阐发新的义理，有新的发展，就可以做人师了。"

【通解】"温故而知新"，温即温之，后人称急火为煮，慢火为温，在此，温犹习，即温习，有探索、推求之意。温习以前所学的学问，学习古人所留的典故经典，即为温故，以便能对旧有之学问有所研究，能于心中彻悟其本由，深谙其义理，谓之曰"知新"，如前章颜回"亦足以发"者亦为知新。温故能知新，可以知其好学与否。不好学便不去温习，不温习便不能从旧有之学中阐发出新的义理。温故知新，本为一体，不可分割，无有先后，未有不温故而能新知者，亦未有能知新而不温过者。

我人须知，凡是熟记于心中的知识，都是有遗失率的，俗言说"三年荒一个秀才"，意思是说，即使是博学多闻的秀才，如果三年不学习，之前学的便会从记忆中遗失，此言虽夸张，但不无道理。常常会用"炉火纯青"来譬喻武林高手，而此纯青与恒久温习不可分割。从常理来说，知识渊博的高材生，如果长期与之前所学割裂，则很快会将旧有的知识遗忘。从学问道德来说，若人不能时时反省自己，不能念念体察自己的言行，则很快会受到习气的影响而让自己的道德堕落。惟有以希圣希贤之心，常常温习，才不至于遗失本性。《大学》云："在亲民"，亲即新，以学知新，方能渐入佳境，以至于成圣成贤。

"可以为师"，此处之师，有别于一般普通之师，乃是指道德学问皆可以为人之典范。并能从自己故有之学问，古人之经典中发明新的义理，变化自己气质的人。

夫子用他自己的学习经验，告诉了我们一个怎样成为老师的方法。老师是为人之典范，所谓人成即能成师。如何才可以成人成师呢？"温故知新"者便是，这四个字，为文化的延续，为教育的传承起到了承前启后的重要作用。

若能将圣人的智慧结晶烂熟于心，时时温习，时时玩味，不但能让人知新，知行合一，更有无限的快乐在其中。

【按语】温故者先前所习之学问，温故者在求新知，新知在旧习，先前之学问入于心，时时体悟，有所得，谓之曰新。旧学犹如死水，体悟可引活水，此引者，在学，在思，在行。能如此者，可以为师。

> 学问在慎思
>
> 温故求新知
>
> 念念思圣贤
>
> 期以可为师

不器章

【原文】 2.12　子曰："君子不器。"

【今译】孔子说："君子不像器皿。"

【通解】"器"，就是器皿。器皿以专用为主，又各有其用，不能互通。比如酒杯是用来喝酒的，若用来做别的用途，会显得不伦不类。樊迟曾向夫子请教如何种庄稼；孔子说："我不如老农。"樊迟又请教如何种菜；孔子说："我不如老菜农。"在樊迟退出去之后，夫子对樊迟进行了批评。原因是樊迟只重视技艺，并未将进德修业放在第一位。儒家教人，首重德行。德行立，方能修己安人。俗语说："术业有专攻"，专才能解决某个方面的问题，此非夫子教人的根本，从进德修业，乃至齐家、治国、平天下，唯有德行才是净化社会风气的力量之源。德行犹如大地，人的才能，博学皆由此出。譬如老师，人们更注重的是"师德"，医生注重"医德"，只有"德"是最宝贵的，但凡有成就的人，无不是具备德行的人。所以"修德"才是君子追求的根本，也只有如此才能使自己具备更宽广的胸怀和仁厚的德行，此正是以道御术也！

读此章，夫子并非反对专才，乃是夫子教育的根本在于教人成君子。所以才说"君子不器"，并未说"人不可器"。凡欲成君子者，应该在德行上克己复礼，以期归仁，若如此，才能不至于陷于一器。

【按语】所谓君子者，当不以器为学之根本，器者技能也。君子唯进修德业为上，器以养身，德以养志。故曰不器。不器非离器，人者器与德并存，首重德，次为器。

君子不为艺

重德学所寄

下学而上达

德仁天地立

先行章

【原文】 2.13 子贡问君子,子曰:"先行其言而后从之。"

【今译】子贡问如何才能成为君子。孔子说:"对于你要说的话,先实行了,再说出来。"

【通解】此章"先行其言而后从之"者,行在言前,言在行后。亦敏行讷言之意。

先言后行,未免会给自己造成被动局面,毕竟话好说,牛好吹,事难做,许下的承诺,夸下的海口就是欠下的债,若不兑现,从此就被人贴上言语不实的标签。若为人父母师长者,先言后行,未免会言过其实,毕竟自己还没有体验过,凡是自己没有做到的,自己没有体验过的,就会显得不真实,无法让人信服。自己没有做到的事情尽量不说,即使自己能做到的事情也要尽量慎重地说。此非自保,乃是对听者负责,对自己负责。

此章,夫子告诉子贡作为君子,当以少言而多行作为君子安身立命的根本。以此告诫自我,亦是考察人的方法。

鲁襄公二十四年,鲁国的叔孙穆子入晋,晋国的范宣子问他:"如何是不朽?"穆子未对,宣子说:"我范家远祖经历虞、夏、商、周四代至今,禄位未辍,是否算不朽?"穆子说:"这只是家族的世禄,非人生的不朽。我曾听说,太上有立德、其次有立功,其次有立言,虽久不废,此之谓不朽"。诚哉是言也,中国读书人向来以"立德、立功、立言"为人生不朽之事业。就近而言,清朝末期的曾文正公可谓人之典范,他秉持此"三立"为不朽,并为之奋斗不息。在动荡不安而又不够信任汉臣的时代里,做到了别人无法做到的事情,他始终以天下安宁为己任。不顾个人安危,以君子的标准要求自己,先立其功,次立其德,再立其言。用其一生书写了波澜壮阔的辉煌篇章。

　　当然，我们不一定要成为像曾国藩那样的人物，但为人者总是要与他人和社会去接触，诚如穆子所言，简而言之，就是人不能只将自己装在心里，也要有奉献，有温度，以人性之美，焕发生命的不朽，方为人之不朽。

　　【按语】先立行，次立言，君子之为。先立言，后立行，行不能与言合，言过其行，德之弃也。慎言笃行，德之修也。是以君子当以笃行修德为尚。

小人先言矣

君子行先立

此谓真行者

行到人自比

周比章

【原文】2.14 子曰:"君子周而不比,小人比而不周。"

【今译】孔子说:"君子忠信而不行私心,小人行私心而不求忠信。"

【通解】"周"者,忠信为周,为公之意,顾全大局。"比"者,阿党为比,只图私心,结党营私。

君子是有德之人,小人是求私之人。君子求德,小人求私,所求不同,言行各异。孔子经常用小人和君子来区别人格的差异,以此来警戒学人,以防不慎而变成小人。是小人还是君子,完全由自己来选择,孔子并未曾非要让每个人都按照君子的标准去做,他只是告诉了我们成为君子的方法,这便是圣人与常人的不同之处,他就像这广博的大地,可以承载一切,包括善恶,包括君子与小人。

事实上,没有人能要求得了谁,也没有人能改造谁,真正能改变自己的,唯有自己。好比君子与小人,先要在心里为自己立下一个标准,自己究竟要成为一个怎么样的人?是君子还是小人?若是想做君子,就要按照君子的标准自觉地要求自己,凡是君子能做到的,自己要努力做到,此为求德,求德之人私心渐渐退却,忠信之心、为公之心日渐提升。久而久之,其心自然与君子为伍。私心者,并非只是谋私利,还有人性里种种的贪婪、固执、唯我独尊、心量极小的狭隘观念等,皆属私心之范畴。君子以德行为处世的准则,惟求心安。小人完全被自己的私欲占据心量,处处只求私心,惟求自己快乐而已。正如在生活中所遇见的那样,凡是喜欢讲道理的人,虽在处处讲理,只不过是为了展示自己而已。凡君子处处为人着想,以忠信为宗旨,如同孔子般,从不要求别人,只会要求自己。

【按语】圣人以周比省察自我。小人与君子在公私之处见分晓。君子以忠信为义,小人以阿私为利。

> 周比本相异
> 皆为所求寄
> 君子行以周
> 立德行仁义

学思章

【原文】2.15　子曰："学而不思，则罔，思而不学，则殆。"

【今译】孔子说："从向外学，不知思考，会变得迷惑；只会思考，却不知道学习，就会疲殆。"

【通解】所谓学，即学习君子之道，譬如读诵经典，向师友请教等。"学"也可以统摄一切涉及到与学相关的事务。若学而不思，则罔，罔者迷惘，只是向外学习，不反思，不对照，不修正，不精思，便会迷惘而一无所得。好学之人，必是善于思考之人，犹如前章所言"温故知新"，温故谓学，知新在思，学思一体，向外所得的学问，并不能在顷刻间对人生发生作用，只有通过思考，才能将所学真正变成自己的生命习惯，才能与之产生反应，继之发生改变。学习犹如进食，思考好比消化吸收。

殆者，疲殆，危殆。光是思考，而不去学习，必然会生出许多疑惑，此种种之疑惑，需要通过学习以取得经验。若是一味地思考，从不学习，因思考所带来的疑惑，无从化解，好比食物滞留于肠胃，不能通畅运行，生命会出现危险，思想也是如此，积疑过重，无所得解，容易让人危殆难安。

事实上，无论是读经典还是学习其他的文化知识，需要边学习、边思考，唯有此，才可能将书中所学变成鲜活的思想，才有可能让思想得以延续和传承。从孔子至今，凡历代的思想家，均以学思并举而引领时代。孟子云："尽信书，则不如无书"，书本只是文化的载体，没有书便无法传递思想精神，但读书者若不通过连绵不绝的思考和体悟，念慈在慈，则无法真正领悟古人的智慧。但若是放弃了学习，只是一味地去思考，也只是闭门造车，不但白费力气，恐怕到最后只能是自以为是了。

人们通常是不太喜欢"书呆子"这样一个带有讽刺意味的称呼。从此章经文可知孔夫子也是不太喜欢书呆子的。

战国时期，赵国大将赵奢的儿子赵括从小熟读兵书，张口爱谈军事，别人往往辩论不过他。并以此引以为豪，自以为天下无敌。公元前 259 年，赵国赵奢已逝，廉颇已老，赵国受秦国反间，国君让赵括这个只会纸上谈兵的人去指挥近四十万赵军与秦作战，结果全军阵亡，自己也被秦军箭射身亡。

这个典故虽与教育修养无关，但有相似之处。赵括的失败是由诸多因素所造成，最重要的一点还是与他只会死读书而缺乏思考与实践有必然的联系。

【按语】学而不思，如入宝山，空手而归。思而不学者犹荒漠掘井，危殆无获。夫一切学问，皆以学思并行，故能有所得也。

<blockquote>
学思存一心
万事能识真
两者两相别
心暗不见明
</blockquote>

异端章

【原文】2.16 子曰："攻乎异端,斯害也已。"

【今译】孔子说："只向着反对的一面用力,那就有害了。"

【通解】"攻"即专攻,专于一事一端用力。另一说:攻即治也,古人将读书称为攻书,即学习之义。

"异端"亦有两解,事有两头,譬如一条线,必有两端,由此端到彼端,如果光守着一端而不知求另一端,所死守的这一端便是异端。另一说;凡是与圣人之道相反者,皆可以称之为异端。还有一说:异端所指者,小道小艺,攻乎异端,而为正学。

然而,孔子道大德全,教人为学,以求通其全体,《中庸》云:"执其两端用其中于民",是谓中道,即中庸之道,夫子平日言学,常常兼举两端,譬如言仁兼言礼,或兼言其他。前章言学与思,若只是言一端,于学必有偏废,不能了知全貌,由此可知,攻者,即专攻,学者若只是专攻于一端而不去求另一端,其害非浅,此针对学问而言。

若从生活日用而言,"异端"两个字后面通常会用到另外两个字,即"邪说"。所谓异端邪说,就是违背了自然常识,人伦关系的学说和言论,都可以称为异端,异端不在正常的学问之内,但却时刻在生活中可以遇到,甚至会影响到我们的身心健康。当下的这个时代是一个科技发达,但缺少常识的时代,比如各种谣传、邪教邪说,明显的违背了生活的普遍常识,但就是有人愿意去相信,并且沉迷其中而无法自拔。给自己、家庭和社会造成了很大的负面影响。贻害非浅。

【按语】异端者,无有依据,违背常规人伦,害人至深,君子不以此为务,不攻异端,是谓不害。与学者而论之,异端者,执其一端,必有偏废,君子执其两端而行中道,不攻异端,是谓中庸之道也。

> 凡是有两端
>
> 君子执中间
>
> 专攻有偏废
>
> 斯害已不远

诲知章

【原文】2.17　子曰:"由,诲汝知之乎? 知之为知之者,不知为不知,是知也。"

【今译】孔子说:"由啊! 我教给你如何是知吧! 知道你所知,又能知道你所不知,这样才算知。"

【通解】"由"即子路,名仲由,孔子早年的弟子。子路最富正义感,只是性格有些粗狂,有时候难免会讲一些大话,估计被夫子听到了,所以特别讲了这段话给他听,"诲汝"就是教你的意思。

孔子教子路知,知道就是知道,不知道就是不知道,不可将自己不知道的强说知道,如此有欺人之嫌,如此知是谓非深,深知出于诚,即知行合一,哪里还敢将自己明明不知道的事情强给他说知呢? 此知乃是内心本有之知,即为真知。

又譬如,整部《论语》讲仁的地方有很多处,但夫子并未将仁之本末和盘托出,可见仁之体用,并不能用言辞完全概括,所以夫子论仁,只讲仁的正行与非仁之行,让求仁者知道从何处下手,亦该在何处戒免,后人藉此以求仁,并作为仁之征验。夫子将能知的一面告诉了大家,而另一面不能用语言概括的部分就需要自己去探索。此所谓知之,亦有所不知者,应该知道的部分已经求得,另一部分还没有知道的,需要靠着君子之志,学思并举,执其中道方能求得。

就普通人来说,不知言知,就是不懂装懂,只有如实地将自己所知的告诉他人,不知道就是不知道,如此才是真正有智慧的人。如果是一个普通人还好,假如是学者或者老师有如此违行,贻害不浅。此语虽是夫子教子路之言,对吾人亦有省察之用。

【按语】知者智也,不知曰不知亦智也。不为智言知,不知言不知,而后不耻下问,乃大智也!

知者言知之
不知便不知
心诚自无欺
行此谓大智

干禄章

【原文】2.18 子张学干禄。子曰："多闻阙疑，慎言其余，则寡尤。多见阙殆，慎行其余，则寡悔。言寡尤，行寡悔，禄在其中矣。"

【今译】子张向老师请教如何得到俸禄的事情，孔子回复说："多听别人的，遇到疑惑的地方暂时先放一放，即使知道的事情也要谨慎地说，这样就可以减少过错。多看别人做事，遇到你认为不安的事情先不要急于做，即使你认为对的事情也要谨慎一点地去做，如此就可以少做一些让自己后悔的事情，言不出错，行不后悔，自然就有禄位在其中了。"

【通解】子张是孔夫子晚年的弟子，名颛孙师，字子张。

"干禄"，干即求，禄即仕途。子张向夫子请教如何获得仕途之事。犹记得樊迟曾向夫子请教苗稼之事，被夫子批评，子张请教如何当官，夫子不仅没有批评他，还做了详细的回复。子张所问在求仕，樊迟之问在求食，都是为了自己，但意义截然不同。子路追随夫子周游列国，在路途上遇到了两个耕地的人，他们是隐者，隐者不求仕途，亦无收入养活自己，唯有苗稼一途可以存活身命。夫子之所以批评樊迟，有可能是樊迟有隐退之意。而子张求仕，再不济，也能为社会做点贡献，参与政务，服务大众。由此可见，子张之求仕途与樊迟学稼，在本质上还是有所区别的。

"多闻阙疑，慎言其余，则寡尤。""疑"就是心中对一些事情难以拿捏，不好把握，是谓疑。"尤"，罪过，心里有犯罪感，罪恶感的意思。整句话是说：多听别人说，遇到疑惑的地方暂时先放一放，即使知道的事情也要谨慎地说，这样就可以减少过错。

此句还是在强调讷言之意。凡是有善于体察的官员，新到某个单位，并不会轻易发言，先观察，先聆听，多听其他人的说法，如此则能很快将事务的脉络和盘掌握。即使自己知道的事情也不忙着表态，给下面的人多留一些发挥的空间。以免指挥失误而影响大局，避免过失和过错的发生。

"多见阙殆，慎行其余，则寡悔。"殆即对某些事情心存不安，难以捉摸。悔即悔恨，意思是说：多看别人做事，遇到让自己心不能安的事情，先不要着急去做，即使你认为对这件事情很有把握，也要谨慎一点地去做，如此就可以少做一些让自己后悔的事情。此意犹"慎行"，条条大路通罗马，但不是每一条路都适合自己，每一件事情的选择和执行，需要周详的计划，谨慎地去实施，如此则可以避免让自己做后悔的事情。

"言寡尤，行寡悔，禄在其中矣。"言行是立身处世必须要涉及到的，尤寡二字全是在内心的感受，也就是说，在言语方面，尽可能地少说一些让自己有罪过感的话。比如说话的时候不注意，无意中伤了别人的心，事后知道了，使自己很过意不去。在行为上，尽可能地少做一些使自己后悔的事情，若能如此，亨通的仕途就在其中。借用夫子的话，对这段做一个总结，即"多闻、多见、慎言、慎行"，若人能做到这四点，不但能从政，亦能修身摄心。凡一切都向内求，而非向外去攀缘，夫子此言既让子张得到了俸禄，还能继续修养德行，可谓双管齐下，一举两得。

细细回味此章经文，有一种莫名的感动。感受到被关爱的感觉，夫子对子张的这番话，真乃师道之楷模，贴心恳切，就像是妈妈对即将远行的儿子所说，平实而又受用无穷。

【按语】多闻，多见，慎言，慎行修德之策，如所不弃，则可寡悔，寡过，禄亦在其中。仁者何畏之有？

> 谦恭多闻疑存心
> 错少必由言语慎
> 虚心多见知安危
> 步步有序在慎行

民服章

【原文】2.19　哀公问曰："何为则民服？"孔子对曰："举直错诸枉，则民服。举枉错诸直，则民不服。"

【今译】鲁哀公问："如何才能使民众服从呢？"孔子说："提拔正直的人，将他们放置在邪曲的人的上面，百姓就服从了；提拔邪曲的人，并把他们放在正直的人的上面，百姓就不会服从。"

【通解】"哀公"，姓姬名蒋。哀是他的谥号，后来继承定公之位，为鲁国国君，在位二十七年（公元前490-466）。

《论语》全篇，凡国君向孔子请教，皆以"孔子"为书称，体现对国君的尊重。哀公当政时，由三大家族掌持朝政，营私舞弊，民众对他们极其厌恶。哀公有感于此，特向孔子请教。

"举直错诸枉，则民服。"直即正直。枉即邪曲。举即举用，提拔之意。"错"有放置的意思，也有废置之意。若此处之"错"字为废置义，则有违儒门重德化的宗旨。所以将"错"字解释为放置义更能体现以德服人的圣人本怀。"诸"字犹云之乎，"之于"的合音，而非"众"，此点要特别说明一下。举用正直有才干的人，让他们去领导那些邪曲之人，或者将正直的人安排在邪曲之人的上面。既不至于将邪曲之人打入冷宫，从此废置，也是给他们一个改正错误的机会。人性本善，遇到有德行的人，邪曲之人也有可能变成君子。还可以对他们起到震慑的作用，使之不敢轻举妄动。君主的仁政便可以通畅地落实于每一个民众，所以民能服从。

"举枉错诸直，则民不服"，此句经文与前一句之意相反，举用邪曲之人，正直的人受到压迫，呈阴盛阳衰之势，此为衰败之相。君主举用邪曲之人，还是正直之人，全在于他的喜好所在，重德之君必用正直之人，若以私欲为尚的君主，必定亲近邪曲之人。

每遇明君，人才鼎盛，众星共之，天下太平，周武王便是。每遇昏君，奸邪当道，星辰隐没，天下昏暗，民不聊生，纣王者便是。

无论是国家，或者是社会团体，能不能赢得人才的拥护，能不能留得住人才，不光要提高他的待遇，还要让他们有发挥才能的平台和空间，这是问题的关键。

因此，想要近直避枉，就需要一颗正直的心，这是建立正见、正行的基础。否则恐怕只是认枉为直，一场戏谈而已。

【按语】人皆喜正厌枉，正者岂与枉者同，喜正者唯己正而后正者交。正枉全在己，己心不正，唯才是弃。不能得民服矣！

心邪党朋邪

德正众星拱

若欲直者来

需得正知见

使民章

【原文】2.20 季康子问："使民敬忠以劝，如之何？"子曰："临之以庄，则敬。孝慈，则忠。举善而教不能，则劝。"

【今译】季康子问："使民众对上有敬畏之心，忠于其上，并能相互勉励，用什么样的办法才能做到呢？"孔子说："君主对民众的事情能认真严肃，他们自会认真严肃地对待政令。君主能教民众孝其亲，慈其幼，他们自会忠于君主。选拔民众中的善良而有才能的人，教化素质低下的人。他们自然会相互劝勉，加倍努力了。"

【通解】季康子，季孙肥，鲁国大夫，康是他的谥号，他是当时鲁国最有权力的人。

"使民敬忠以劝，如之何？"劝者加勉，努力之意。想要让民众对上有敬畏之心，忠于其上，并能相互勉励，用什么样的办法才能做到呢？季康子当权，民众在心中多有不服。在这样的历史背景下，他向孔子请教。虽用了敬、忠、劝这样的冠冕之辞，但他真正的目的极有可能只是想改变当时民心之向，以提高自己的权威，巩固自己的地位而已。

"临之以庄，则敬。"临为上对下之意，上对下曰临。庄，恭庄严肃之意，敬是态度问题，如果内心不端正，缺乏诚意，外在表现出来的端庄也是虚伪的。上位者能恭敬严肃地对待民众的事务，民众自知敬其上。这是人心美德相互之间的感应，上位者庄敬，在下者亦以敬应，这便是一礼两面。不知夫子此处所言之"敬"有没有旁敲侧击的意思，以便让季康子对自己的行为也有所反思。正因为季康子营私弄权，所以才不得民心。

"孝慈，则忠"孝者孝其长，上位者引导民众能孝其长，教民孝道。慈者爱其幼，上位者能以慈爱民，民众自能忠于其上。种瓜得瓜，种豆得豆，领导待人真诚，民众必然以真心相待，此心便谓之曰忠，故曰："尽己之心，谓之忠"，忠心不是单方面的，而是要通过行与心的互动，心与心的温暖才能产生，掺不了半点假。

"举善而教不能，则劝"善指德，能即才，在民众中大力选拔贤良的人才，而对于不能者给予教化，让他们有所进步，如此就能形成一个良性的人才循环机制，人人必以善为尚，上下崇尚善良，社会风气清明。"劝"即勉励的意思，大家相互勉励，加倍努力。

民众之所以能敬上、能忠上、能相互勉励，皆在于上位者的所作所为，上位者若要得到民众的恭敬，自己得先做到敬事于民。上位者若要让民众忠于国家，忠于其上，上位者要先以孝来化导民众，以慈爱之心爱护民众，如此则能上下以心相印，民众必能忠。必能相互勉励，全国民众就能亲如一家。

孔子为政，以德化为主，以礼治为辅，围绕人性，将人道精神不断放大，便是儒家为政的一大特色。换而言之，凡是有凝聚力的团队，一定具备上施下化的教化功能。领导者以德服人，主张人性化的管理，给予大众情感上的呵护和关怀。以心换心，做好表率，必然能得到一片真心，所以最高明的管理一定是以人道为重。

【按语】欲使众人忠诚，须得从己处着力。品格端正，故能庄严其身，孝慈方能得敬重，君子以上施下行而得民心，以唯才是用而化民。

尧舜焉有教人忠
唯有仁德众星拱
上行下效天地宁
举贤爱众遍地春

亦政章

【原文】2.21 或谓孔子曰："子奚不为政？"子曰："书云：'孝乎惟孝，友于兄弟。'施于有政，是亦为政，奚其为为政？"

【今译】有人对孔子说："您为什么不从事政治啊？"孔子说："《尚书》里说：'孝啊！是真孝啊！能又友爱兄弟。'只要能在家施行孝悌之道，并能正当有条理，这也等于参与政治了，为何非要做官才算从事政治工作呢？"

【通解】孔子曾从事过鲁国的司寇一职，后来出现内政问题，出走列国，返回鲁国时不再从政。夫子语此言时，应该在鲁定公母兄尚在世，鲁昭公去世以前。

当时有人问夫子"先生为何不从政？"孔子引用《尚书》（今见伪古文《君陈篇》）上面的话说："孝乎惟孝，友于兄弟。"孝乎惟孝，是对大孝的赞美之辞。友者善义。天地间惟有孝顺父母，善爱兄弟是最大的美德。接着，夫子又说了自己的想法，他说："施于有政，是亦为政，奚其为为政？"意思是：只要能在家施行孝悌之道，并能正当有条理，这也等于参与政治了，为何非要做官才算从事政治工作呢？

夫子此言可做三个方面的解析；

其一：家庭与社会的关系。家庭和睦，子女孝顺，兄弟之间关系亲密，上下一派祥和，每个家庭都能如此，则国家和谐，天下太平。这既是对社会的期望，也是为政的基础。

其二：政治的根本在人道。政治制度建立在人伦的基础上，也可以说政治服务于人伦，若政治偏离了人道人伦，则一切政治活动又有什么合理性可言呢？

其三：一切政治事务离不开人道，一旦脱离了人道人伦，无论是上至权力顶峰的君主，还是下至社会平民，无不是由母而生，无不有兄弟朋友。

【**按语**】孝悌亦是为政之本与！人若无安家之能，焉能有治国之能耶？政者当首重人伦，而后天下平。

政非官独有

家道亦不休

但见家和时

国事以无咎

輗軏章

【原文】2.22　子曰："人而无信，不知其可也。大车无輗（ní），小车无軏（yuè），其何以行之哉？"

【今译】孔子说："人与人之间不讲信用，不知道还能做得了什么。譬如车上的辕木和横木间，假如没有灵活的接榫（sǔn），无论大车小车，该如何行进呢？"

【通解】"人而无信，不知其可也。""而"字不作"如果"解，为何不说"人无信"，而说"人而无信"者，表示"人"字要作一读。人与人相处以信为义，因为信而建立了种种的情感和种种的社会活动，若人不守信，则无信可立，还有什么可以值得依靠呢？总不能一直靠着签协议，签合同过日子吧？如果把健康和平安当成人生的基础，那么信用就是一个人立足于社会的基础。无信，谁能信你？谁又愿意信你？

"大车无輗，小车无軏"，大车即牛车。形体笨重，能载重物。车的两旁有两长杠，古代称辕。车辕前有一道横木，古代称衡。还有一曲木缚横木下，古称輗（e）。连接辕和横的小榫头。先在两辕端凿圆孔，横木两头也要凿圆孔，与辕孔相对。为木制，外面裹一层铁皮，竖串于辕与衡的两个孔中，使辕和衡能灵活转动。小车即马车，驾四匹马，常用于狩猎和作战。小车在车前中央有一辕，辕头弯曲向上，与横木凿孔相对，穿在中间。横木下左右固定軏，以方便驾马。内有两马，称为骖，外有两马，称为服。如果车辆需要拐弯时，服马在外，转折改向，因軏与衡之间能活动，所以不损辕端，能使车身安稳，不至于左右摇摆。

无论大车还是小车，若无此，车与牛马不能相连，牛马是牛马，车是车，无法相合而行。

夫子善于用最常见的现象引导人们走向正道的教育风格在此章得到了充

分地发挥，守信用是一个人立行于世的根本，大车小车的 锐轨是成为车的关键所在。

在中国的历史上，关于"信用"的故事不胜枚举。春秋战国时期，秦国的商鞅在秦孝公的支持下主持变法，当时战争频繁，人心惶惶，为了在老百姓心中树立良好的信用，商鞅下令，在都城南门立一根三丈长的木头，当众许诺，谁能把这根木头搬到北门，赏赐黄金十两，围观的人并不相信，于是，商鞅将赏金提高到 50 金，重赏之下终于有人站出来将木头扛到了北门，商鞅立即赏赐了他。这一举动，在老百姓的心中树立了信用。为商鞅顺利变法提供了有利条件。

在《郁离子》中记载了一个因失信而丧生的故事。济阳有个商人过河时船沉了，他抓住一根大麻杆大声呼救。有个渔夫闻声而致。商人急忙喊："我是济阳最大的富翁，你若能救我，给你 100 两金子"。待被救上岸后，商人却翻脸不认账了。他只给了渔夫 10 两金子。渔夫责怪他不守信，出尔反尔。富翁说："你一个打渔的，一生都挣不了几个钱，突然得十两金子还不满足吗？"渔夫只得快快而去。不曾想，后来那富翁又一次在原地翻船了。有人欲救，那个曾被他骗过的渔夫说："他就是那个说话不算数的人！"于是商人淹死了。商人两次翻船而遇同一渔夫是偶然的，但商人的不得好报却是在意料之中。

人若不守信，便会失去别人对他的信任。在平时好像没有什么，一旦处于困境，便不会有人选择相信他。失信于人者，一旦遭难，只有坐以待毙。综合上述两则故事可以得出一个结论：人生除了健康和平安，信用便是头等大事。

【按语】人而无信者，焉能行于世乎？欺世盗名，自欺欺人者何以取信？纵有所欺，必有所失，复失必无人能信，故无信者，不能立于世，不知其人也。

人无信而路难行
言伪诈兮自欺人
昔商鞅者木取信
重承诺兮受欢迎

十世章

【原文】2.23　子张问："十世可知也？"子曰："殷因于夏礼，所损益可知也。周因于殷礼，所损益可知也。其或继周者，虽百世可知也。"

【今译】子张问夫子："三百年之内所要使用的制度可以知道吗？"夫子说："殷朝依据夏朝的礼制，在此基础上虽有增有减，但也有规律可以知道。周朝依据殷朝的礼制，在此基础上虽有增有减，依然还是可以知道的。将来如果有新的朝代代替周朝，纵然上千年，依然可以知道！"

【通解】此章子张问夫子可否预知将来，孔子以前朝所承袭的方法和规律，对将来做了预测。

"十世可知也"，一世为一代，古代三十年为一世，十世当三百年。"也"同耶，问辞。子张向夫子问十世以后其制度变易如何？

"殷因于夏礼，所损益可知也。"因者依也，沿袭之意。"损益"即加减之意。历史的演变，必有承袭于前朝，但会有加减损益。原来有不合时宜的，被废弃，是谓损。前朝制度还能适用并被承袭了的，谓之益。

"周因于殷礼，所损益可知也。"周朝取得天下，依于殷朝的制度，其所损益与殷当时取代夏朝时采用的方法相同。即使将来有朝代继承了周朝，纵然百千年，也都离不开这样一个历史运行的规律。而这个规律从来不会离开"礼"的存在。

这是孔子对于历史发展的态度，人类的文明在繁衍中不断地发展和完善。无论时代如何前进，潮流如何更替，以"礼"为精神的社会制度是一直存在的，只不过时代不同，表现的方式不同而已。

从这章可以看出孔子对于历史的态度是多么的高瞻远瞩，夫子既尊重已经过去的时代，也相信未来还没有到来的时代，他认为上三代所表现出的损益变化规律会永远延续下去。这是圣人与常人截然不同的历史观。常人总认为过去是美好的，过去的一切都是值得学习和标榜的，似乎自己所处的时代总是不如过去的时代。殊不知，过去的时代已经过去，和自己并没有直接的关系，过去的时代所能延续的还在延续，无法延续的自然会被淘汰。未来的时代还没有发生，我们不需要悲观和担忧，只有过好自己所处的这个时代，将来才有可能给后代留下更多宝贵的东西。也只有"我"所处的这个时代才是最真实最伟大的，因为只有这个时代和"我"相关。而后人不定就比前人差，未来一定是由比上一代更有能力的人去掌控的。

古人不一定就处处都好，今人也不一定处处都差，但见那"凌迟之刀"是古代才有的残酷刑罚，而当今这个时代已经在研究如何废除死刑，或者在使用安乐死。

夫子告诉我们，时代变化中永远不会变化的东西是什么？孔子两次提到了"礼"字，表达了"礼"对于社会发展的重要性和不可替代性。礼是保障人伦的基础，过去人们把人伦用三纲五常来表达。到现代，人伦就是"以人为本"，上下五千年，王朝更替，但无论谁当政，"以人为本"一定是当政者建立一切制度的基础，这是一定不会变的，这就是礼的精神和作用。

【按语】子张以可知者问于夫子，凡所损益者，皆历史繁衍变化之理也，圣人以夏、商、周之损益，推演未知之时代。可知者，损益更替不出习礼乐、尊人伦、敬天理三者。此历史之规律，亦人性之根本。纵有三千载，虽百世之后，亦如是也！世无不变之事，亦有亘古不变之理。

> 古者彩云去
> 来者亦相续
> 经历万万代
> 更有新时局

谄祭章

【原文】2.24　子曰："非其鬼而祭之，谄也。见义不为，无勇也。"

【今译】夫子说："去祭拜别人的祖先，是谄媚的表现，需要见义勇为时不出手，是不勇敢的表现。"

【通解】"非其鬼而祭之，谄也。"鬼者，人死为鬼，此处所言之鬼，乃指其祖先。《礼记》祭法说："人死曰鬼。"非其鬼，是指非其祖先，祭祀祖先是为了报答祖先的恩德，是孝心的延续，但是为什么要去给不是祖先的鬼去祭祀呢？其心必有所求，所以称之为谄，即谄媚，有巴结讨好的意思。古人有："神不歆（xin）非类，民不祀非族"之说，而祭非其鬼，就是谄媚求福。

"见义不为，无勇也。"义作宜字解，也可以当成"应当"解，遇见应当所为之事而不为，是无勇。

夫子此章所言两事，似乎并无直接关联，细细参究，亦有相同之处。非其鬼而祭，是为了谄媚求福，为私利所驱使。见义不为，是无私利可取，所以不为。圣人独具慧眼，透过现象直指人心。人为了私利可以去祭拜能为自己赐福的鬼神，尽管所祭拜者和自己并无丝毫关系，宁可背离祖先，也甘愿去谄媚。见义勇为，本是人性所有，因为得不到利益，竟然背弃了人性的善能。此两者，可见人性之正反。正者孝亲敬祖，见义勇为，仁心所归。反之祭非其祖，见义不为，人性泯灭。是君子还是小人，皆在一念一行之间。君子以正念为善，小人被私欲蒙蔽仁心。孰善孰恶，皆由自己做主。

【按语】非其鬼而祭者，以能成其私。见义不为，可观其私矣。此两者，事有不同而其理一也，盖不可为而为，可为而不为，利欲熏心之徒与！

祭祀行谄媚

妄图得实惠

见义不敢为

私心变古怪

八佾篇·第三

八佾章

【原文】 3.1　孔子谓季氏："八佾舞于庭,是可忍也,孰不可忍也!"

【今译】孔子评说季氏："他用了周天子八八六十四人的舞蹈在自己家庙的庭院中演奏,如此违礼的事情都忍心做,还有什么事情不敢去做呢?"

【通解】"季氏"鲁国大夫,季孙氏。

"八佾"就是由八行八列组成的演奏队伍,这种规模的舞乐只有在天子举行仪式的时候才可以使用。其次是六佾,由六行六列组成,为诸侯之礼。卿大夫是四佾,士大夫是二佾。鲁国为周公的封地,所以鲁国国君可以使用八佾。但作为大夫,使用了天子的礼乐规模,明显有僭礼之嫌。

夫子知道这件事情之后,表达了自己的观点。在现代人看来此事似乎没有什么大不了的,但在当时作为祭祀时才使用的舞乐,是有政治意义的。就好比现代的阅兵式,各个级别都有相应的规定,若是不按规定举行,不但违背了法规,有可能还会受到法律的制裁。其时,周朝政权式微,无论是诸侯还是士大夫已经不再遵守周王朝所做的礼乐制度。而这种象征集体意识和国家意识的祭礼正在被诸国轻视,从而走向消亡,最终爆发了春秋大乱。

读此章,至少可以体现出三点;其一:夫子的真性情。从是可忍也,孰不可忍也的语境中感受一下夫子当时的心情,这样的语境和语气会在什么情况下才可以从嘴里迸发出来? 向来待人宽容的夫子也会有生气的时候,可谓"惟仁者能好人,能恶人",此恶,恶在不守礼乐,违背天理人伦。夫子的可爱,夫子的认真,于此淋漓尽致地展现了出来。

其二:夫子对于"礼"的维护。儒家重"礼","礼"近于人的本性,他是平衡人与人之间关系的依据,故意去违背,将会破坏"礼"的生态平衡,势必对社会和大众造成更大的伤害。

其三：当时连士大夫都开始不再重视礼乐的存在，任意妄为，国君对此亦是视而不见，无力挽回，底层民众又会如何呢？

【按语】八佾之舞，舞于大夫，乃是轻礼乐，犯国威之不可忍也。此夫子之不可忍，或有两层意思。一者，国君对此事尚且不加管理，还有何事不可忍也？二者，季氏如此无视礼乐制度，还有何事不敢为也？

> 大夫舞八佾
>
> 全无为臣忌
>
> 圣人捍卫礼
>
> 正气扬大义

雍彻章

【原文】3.2 三家者以雍彻。子曰："'相维辟公，天子穆穆。'奚取于三家之堂？"

【今译】鲁国孟孙、叔孙、季孙三家，他们在举行祭祀，撤馔时唱着《雍》之诗。孔子说："《雍》诗中说：'四方诸侯都来助祭，天子仪容，那样穆穆地敬而美。'这两句用在三家祭祖的堂上，意义何在呢？"

【通解】"三家"指的是鲁大夫孟孙、叔孙、季孙。他们分别是桓公的公子庆父，叔牙，季友之后的子孙，所以称为孙。孔子说："各地诸侯及臣子助祭的景象，天子庄严美好的气势，如何会出现在三家的家庙中了呢？"

三家在家庙中举行祭祀时使用了天子在祭礼中才用的《雍》乐。《雍》是《诗经 周颂 臣工之什》里的一篇诗，其内容有："有来雝雝（yōng），至止肃肃。相维辟公，天子穆穆。于荐广牡，相予肆祀。假哉皇考！绥予孝子。宣哲维人，文武维后。燕及皇天，克昌厥后。绥我眉寿，介以繁祉，既右烈考，亦右文母。"描述的是天子在其他诸侯的助祭中祭祀皇考的肃穆情景。只有在天子祭祀时才有这样的景象，可是三家在家庙的祭礼中虽然也使用了《雍》，但三家非天子，更无诸侯来助祭，徒有其表，虽有僭礼之能，却无天子之德。

此章承接上章，夫子带有讽刺地表达了自己的看法。似乎在说："既然如此，又何必去做呢？"

假设一下，夫子在当时得知这件事情后，对此现象，深感惋惜，向弟子们表达了自己的看法，一是通过时政，教化众弟子，以此树立礼的不可逾越，不然明知说了无用，又为什么还要说呢？二是三家的僭礼行为在社会上引起了广泛的关注，弟子们估计也特别想知道夫子的态度，在两件事情上，夫子没有直接地指出错误，而是表明了自己的立场和看法。

【按语】天子肃穆，诸侯助祭，礼乐有度。三家僭礼，用天子礼，无天子位，僭礼者也。故曰："不知礼，无以为也。"不知礼，无以为仁也。

祭礼辟公维

礼乐奏和美

昔日周天子

肃穆不可违

礼乐章

【原文】3.3 子曰："人而不仁如礼何？人而不仁如乐何？"

【今译】孔子说："人如果没有仁，如何用礼呢？人若没有仁，又如何用乐呢？"

【通解】此章经文出现在"八佾"与"雍彻"之后，似乎是就以上两事再次作了引述。以阐发礼乐与仁之间的关系。从表面看，儒家始终以"礼乐"为尊，而此章经文则依礼乐之道，再进一步述之以仁道。仁在于内，无法显现，常人难以把握。礼在于外而近仁，仁为礼乐之本，若无礼，则本不显，反之，若无礼，则无以修本，故而，子曰："非礼勿视，非礼勿言，非礼勿听，非礼勿动"，便是依礼修仁之证明。

人在最初的成长过程中与其他动物相比还是比较"低能"的，在很长一段时间里，吃喝都需要另一个人来悉心的照料。而其他动物一出生，很快就可以自食其力，独立成长。而人恰恰从这个过程中获得了另一个人的物质与精神的抚慰，从而培育了高能的情感世界，这种情感会随着年龄的增长，不断向外扩充，"礼"和"乐"便由此而产生，她将人与人之间的关系进行了合理化的安排，维护了当时社会的和谐运行。而之所以重礼，皆出于一片仁爱之心，若无仁爱，又何至于重礼呢？

汉五年，天下已经统一，刘邦称帝。群臣聚会，喝酒争功，喝醉了乱喊乱叫，拔出剑来击砍屋柱的种种无礼现象让刘邦颇为忧虑。皇帝后来采纳了叔孙通用"儒礼"来建立仪式的建议，通过对臣子的礼仪训练和排列，在后来举行聚会时就显示出了"礼"的庄严和肃穆。凡是陪坐在殿上的官员，都伏俯垂头，依照官位高低的顺序，起立给皇帝敬酒祝福，行酒九次，谒者宣告，宴会结束。御史大夫执行纪律，对凡是不遵照仪式的，就被领出。在整个朝会和宴会过程中没有敢大笑大叫违反礼节的人，此次事件之后，汉朝皇帝对儒礼有了新的认识。由此儒家的礼乐思想开始逐渐走向了政治的中心。可惜历代皇权只重"礼"而并未完整地接受儒家最为核心的王道思想而行仁政，实属历史的悲哀。

【按语】礼乐者，出于仁而发于形，无仁则礼乐虽兴，无有是处，徒有其表。吾不知"仁"为何物，但见爱人敬人者是也。吾不知"礼"为何物，但见发于情，止于礼，不以其私而坏众规者是也。若礼乐只在"礼"上而行，是为失其仁也。今句后于八佾之舞，雍彻之乐，似有所指。

礼与仁，发于情。

若无仁，礼何用。

林放章

【原文】3.4 林放问礼之本。子曰:"大哉问! 礼,与其奢也,宁俭。丧,与其易也,宁戚。"

【今译】林放向老师请教礼仪的根本是什么? 孔子说:"这个问题意义重大,礼仪与其奢华,宁可简陋。比如丧礼,与其过度周道,宁可哀戚。"

【通解】林放,鲁国人,孔子弟子。

林放向夫子请教礼仪的根本是什么,或者说礼仪的目的是什么。向学之人,必重根本,想必林放对礼仪有一定的研究,只是对于礼的根本问题还未能通达,积于心中,甚为疑惑。

当夫子听到林放所提的这个问题时,大约有眼前一亮的感觉,心中也许在想:"恩,这个学生不错,是个善于思考、能抓住重点的人"。所以对林放说:"大哉问",这是对林放的称赞。《论语》会经常出现弟子们向夫子请教问题的情景,而且每次请教,孔子都是以温和尔雅的态度给予回应。为什么说是回应呢? 因为,夫子告诉对方的不一定是答案,或许是解决问题的方式,或者是因人所问,根据问者的层次,给予引导和启发。打个比方,假如有人问:"这棵树为什么这么高? "一般人会回答说:"因为这棵树是某某品种,土壤又好,所以才这么高"。但如果这个问题让夫子回答的话,也许他会说:"天地以四季循环,土以德而自厚,故能长幼有序。"夫子永远最关心的是人性的良能。 正如林放所问,夫子先是给予赞叹,继而予以回应。他并没有直接回答礼的根本是什么,而是简单做了说明;

"礼,与其奢也,宁俭",礼本出于人心之仁德,礼仪的表达体现的便是仁德的精神,此即礼。奢者奢华,偏重于文饰,显得浮华,会让人注重枝末而忽略根本。俭者接近质朴，由内而外。奢华在外，内则不足。奢、俭两者与礼的精神虽然存在一定的差距，但也有本质上的区别，若要选择，一定取那个离本最近的，此便是俭。

"丧，与其易也，宁戚。"丧即丧礼，丧礼是亲人离开这个世界最后的告别，无论是对生命的庄严，还是对亲人的不舍，孰孝孰情，这注定是一场心灵与心灵的告别，所以不能不重视，不能不讲究。在如此重要的礼仪场合，应该如何做呢？一曰易，"易"者，节文、治办之意，意思是整个丧事治办得很周全，每一个细节都安排得很妥当。二曰戚，"戚"哀戚，心有不舍，悲痛难抑，今日一别，阴阳两隔，其心戚戚。此情由心而发。两者能合二为一，依礼而行，是为礼。而此两者中，一轻一重，一末一本，轻者末，末为"易"，重者本，本者为"戚"，丧礼，哀戚为心，节文治办周备为表。

历朝历代，奢华的婚礼，葬礼比比皆是。现在的丧礼五花八门，演唱会，歌舞团，竭尽所能，一场丧礼可以花上几十万，甚至上千万，但人们往往忽略了对逝者的哀戚，失去了对生命的敬畏和庄严，大家都觉得花钱越多，越奢华，越能表达自己的孝心，最后竟形成了一种攀比的庸俗风气。

夫子以礼之奢、俭，丧之易、戚为礼之两端，举其两端而示范于林放，以让他知本知末。礼之本在内，凡能由内而外之礼，才是儒者之礼。除此，则为虚礼。

【按语】本末先后，必有所由。礼不在繁，亦不在奢，奢华必失礼。吉礼必以恭敬为本，丧礼以哀戚为本。若失其本，礼不为也。

> 礼之用，何为本？
>
> 祭尽诚，丧尽戚，
>
> 除此者，无他替。
>
> 内有心，外有行，
>
> 礼义存，兴仁义。

夷狄章

【原文】3.5 子曰："夷狄之有君，不如诸夏之亡也。"

【今译】夫子说："远离礼乐中心的夷狄之地有君主对其国家进行治理，不如华夏礼乐之邦没有君主"

【通解】孔子所说的诸夏，应该是指以尧舜为代表的时代。夷狄也不一定就是在说地域上的夷狄，而是指不重礼乐，忽略德政仁治的邦国。自古以来，大多数人认为儒家是为政治家和政客们服务的，事实上并非如此，夫子所推崇的礼，是以君子、士人为基础的，这些人位高权重，如能重视人伦，以德为重，自觉约束，则民众自能安居乐业，天下礼乐升平。所以，一个时代的兴衰不在民，而在政客和权贵，这些人如何能成为服务民众，仍需礼之制度来引导和制衡。而礼有君民之礼，人与人之礼，此章所言，则是以君民之礼为主。因为先有君而后有民，君上民下。上表下率，上行下化，上感下应。而以权力、私欲所建立的政治制度，不仅将其利益置于礼乐之上，更是大搞个人崇拜，只重视权位，无心民生，如此之邦国，于礼不行，无有仁心，与禽兽、蛮夷无二无别。毫无公平正义，忽略人性良善，最终将国家陷于礼崩乐坏的混乱中。因此，礼乐的荒蛮远远超过了地域的荒蛮，礼乐的荒蛮必将会让政治中断，团体利益受损，终究会导致民众的生活苦不堪言。唯有"尊礼"才能让一切变得越来越好。而"尊君"的全民崇拜，与蛮夷之地没有区别。不会有太大的发展空间。

由此章可知两点：其一，孔子尊君更尊礼。也就是政治制度的建设远远要比明君德政更有意义，明君不常有，制度可常在。其二，文化制度的建设，才是民族长治久安的根本所在，一切独裁和集权者犹如缺乏礼乐文化的夷狄，只会凭着上位者的喜好而领导天下，其破坏力不容小觑。

　　历史上，这样的事例太多了，像殷商的纣王，北齐的开国君主高洋等，从表面看，他们荒淫无度，泯灭人性，善恶不分，而实际还是因为他们忽略了礼的存在，将个人的欲望高悬于一切之上，最终变成了独断专行的独裁者。任何一个团体，凡重视人伦礼乐者，所在的团队必将兴旺，所处的时代必然兴盛。蔑视人伦礼乐者，倒行逆施，违背天理，丧失人心，与夷狄无异，必将走向人所未知的境地。

　　【按语】尧舜重礼，故而社会和谐，人心向善。夫子尊周，实为重礼。无论华夏之无君，或者夷狄之有君，若无以礼为核心之制度，均为不善者也。君与礼，吾更爱礼，礼者，道之所由生也。此为以礼建立国家制度之理想也。无论君、民，礼为最高之主也。

尧舜尊礼华夏盛

桀纣失礼蛮夷人

蛮夷华夏皆有情

礼乐之邦万古存

泰山章

【原文】3.6 季氏旅于泰山。子谓冉有曰："女弗能救与？"对曰："不能。"子曰："呜呼！曾谓泰山不如林放乎？"

【今译】季氏祭祀泰山，夫子听说后，问冉有："你能劝谏纠正这件事情吗？"答道："不能"。夫子感叹说："呜呼！难道泰山之神还不如林放懂礼吗？"

【通解】冉有，孔子弟子，小孔子二十九岁，名求，当时为季氏的家臣。

鲁国的三个家臣中，季氏最为霸道，野心最重，三番五次做出一些僭礼之事。此章所记，季氏决定祭祀泰山，相当于后来的封禅；根据典章，周天子祭祀国内最大的山，诸侯国的国君只可祭祀封地内的大山，如果没有大山，则不用祭祀。泰山在齐国与鲁国之间，鲁国与齐国的国君是可以祭祀泰山的。作为鲁国大夫的季氏，则完全没有祭祀泰山的资格，以臣子之身行国君之礼是大不敬。

夫子得知季氏祭祀泰山的事情后，心情应该是复杂的，并专门约见了在季氏家就职的学生冉有。开口便问："女弗能救与？"女即汝，"你"的意思。季氏将行非礼之事，作为家臣，你能否对此事予以救正？从这句话里可以感受到迫切和期待，夫子多么地希望冉有能说服季氏啊！在夫子看来，冉有作为孔门弟子，应该有这样的气魄和担当。冉有回答得很干脆，也很简洁，只两个字"不能"，为什么回答得这么快？由此推测，有可能在和夫子对话之前，冉有向季氏劝谏过。"不能"两字背后包含了许多情感在其中。季氏也有可能已经在孔子的弟子中成为了不知礼的反面典型，夫子明知其无法救正，还要问学生，或许是想通过这件事情来试探冉有的态度。也有可能是想提醒冉有，尽管季氏很糟糕，你也要极力地去劝谏，以免他犯错。

夫子见冉有不能救正季氏，于是感叹地说："呜呼！曾谓泰山不如林放乎？""曾谓"犹如"难道"，前章林放知道问礼之本，倘若泰山真有神的话，一定和林放一样通达情理,不可能去庇佑一个故意僭礼之人。正如有些人们喜欢烧高香,他们认为香越高越粗,越能得到神灵的保佑,至于自己平时行善行恶,则完全不去理会。

不守规则的人总是以为所有的人如他一样不守规则,实则愚昧无知。

【按语】季氏以僭天子之礼祭于泰山,夫子问冉有,其意有三,一曰夫子重礼以于其弟子所传承,何谓也?但见夫子谓冉有能救与?冉子曰"不能"。若冉有与此前无有作为,何来此答?二曰彰显儒家之救世情怀,纵遇不知礼如季氏者,亦不弃也。三曰季氏以其不知礼而视泰山亦不知礼,此愚昧之毒已入膏肓也。人贵有知,不以其无知而自欺欺人,故能恒且久也。

> 无礼如季孙
> 自欺又欺人
> 尊礼鬼神钦
> 德重四海敬

无争章

【原文】3.7 子曰："君子无所争，必也射乎？揖让而升，下而饮，其争也君子。"

【今译】孔子说："君子不会以胜负而与人争，至于射艺呢？射时揖让而上至射台，结束后，无论输赢，饮酒以相敬，如此的争，也不失君子的风范。"

【通解】射艺，为儒家六艺之一，此章之射为射礼，属于大射。射礼分四个等次，一为大射，是天子、诸侯、卿大夫等贵族阶层用于选拔善于射艺而使用的礼仪。二为宾射，贵族相互朝见、聘会时举行。三为燕射，贵族们平常娱乐时举行。四为乡射，在平民社会中以习射艺为目的竞技活动。

射礼为重大活动，万众瞩目，展示技艺，必有胜负，不能不争。此争亦属心诚，如果人有超群的射艺，却不肯示于人，其心必有所隐。所以，凡竞技，不能不用尽全力，输赢是一说，技艺亦是一说。

"揖让而升，下而饮"升即升堂，相当于如今所说的"上场"，上场竞赛时，以礼相待。下场时，无论胜负，相互对饮，负者先饮，胜者相陪。该争技艺时，决不相让，该守礼仪时毫不含糊。此让此争，尽显君子之诚。

此章所言君子是指有德之人，因君子以进德修业为本，对于世间之名利并无所求，故曰"无所争"，此"争"字，要作的文章实在太多，何谓无所争？人是否不应该去争呢？又应当去争什么呢？什么才是我们应该必须去争的呢？这是每个人都应当去思考的问题。人生在世，总有所图，所图者乃是人生的希望，更是走向远方的依靠。它既是信念，亦是动力。司马迁先生说："天下熙熙，皆为利来，天下攘攘，皆为利往。"熙熙攘攘中，无非名利，志向不同，追求有别，所争有异。君子志在圣贤，所争者进德修业，仁义礼乐，天下大利。常人所争者，个人欲望，财富权力。无论什么人或者争什么，所争并无对错，皆乃个人自由选择。凡能与进德修业相关者，皆君子所为处。

有修养的人，必然会遇到像射艺这样不得不去面对的输赢问题，如何抉择，如何面对，对于人来说，至关重要。

读此章，君子之威仪与风度并存，无论输赢，在该尽全力时决不放弃，应当谦让时依礼而行。宁可输掉一场比赛，绝不能输掉人格和风度。比赛如此，人生亦如此。

【按语】君子无所争，争必尊礼，射艺在胜负，亦在德风，德风行，仁义存。胜负出，依礼行。其争也君子，其争也磊落光明。

> 君子无所争
> 射艺亦在诚
> 尊礼升下让
> 威仪在德风

绘事章

【原文】3.8 子夏问曰："'巧笑倩兮，美目盼兮，素以为绚兮。'何谓也？'"子曰："绘事后素。"曰："礼后乎？"子曰："起予者商也，始可与言诗已矣。"

【今译】子夏问孔子："'有酒窝的笑容多么娇美，黑白分明的双眸多么漂亮，洁白的底色画上逼真的花卉。'这是什么意思啊？"孔子说："绘画以素纸为基础。"子夏说："是不是先有忠信，而后才有礼乐呢？"孔子说："能启发我本意者，非子夏莫属，从此可与你谈诗了。"

【通解】"巧笑倩兮"巧指口旁两颊，微笑时两颊张动，此处用于形容笑容美好。"美目盼兮"盼指眼睛黑白分明，十分有神。用于形容目睛转动时之优美。"素以为绚兮"素即白色，绚指笑倩盼动的样子，有美好的面容，才能有笑倩盼动之美。子夏在读《诗经》"巧笑倩兮，美目盼兮，素以为绚兮"时，因"素以为绚兮"而生起疑问，《诗经》里的这段话是为赞美卫庄公夫人庄姜而作，但为什么会"素以为绚"？子夏不明白其究竟，便向老师请教。老师只说"绘事后素"四个字，绘即绘画，素即白色，绘制美丽的画作，先要准备洁白的画纸，夫子有点答非所问，如果你当时在场，又该作何思考呢？子夏所问乃是容貌之事，夫子却以绘画之事作答。但更为疑惑的是，子夏竟然说："礼后乎？"意思是："礼"的建立没有忠信作为基础，就不能成为真正意义上的礼。师徒之间的对话，从容貌到绘画，突然转到礼乐的问题上，看似风马牛不相及，孔子却对这样的结果显得很高兴，大声感叹说："起予者商也，始可与言诗已矣。"起是启发的意思，予指我。子夏因《诗》而请教于夫子，夫子以绘画之事答，启发了子夏对礼的思考，夫子因此而大喜，赞叹子夏是能启发我本意的人，从此以后就可以和他谈诗了。

此章对话以"以事喻义"的形式出现，常见于《论语》中夫子和弟子的对话中。孔子先根据所问者的根基,按其所问的问题,或者说东,或者指西,以各种方式加以引导,以启发所问者的思考力,让对方达到透析事物本质的目的。有所问者必有所思,譬如糠米已经脱皮,夫子之言犹如过筛子,让问者自己得出结论,以达到举一反三的功效。教育之事并非照葫芦画瓢的复制,而在于启发思考,让受教者学会自己去吃饭。

高明的教育应当如夫子一般,借问题,以引发所问者的思考力,如此便有事半功倍的效果。但如此的教育手段必须得具备两个条件;其一:老师当有深厚的学问和善于识别学生根基的能力。其二:所问者当具备好学、善问、勤思的良好素养。类似于本章夫子与子夏间之案例,在夫子的三千弟子当中应该不少,但罗列在案的却只有子贡、子夏二人被孔子誉为可以谈诗的人。

【按语】忠信于前,礼随其后。夫子以"绘事后素"为诱导,子夏继之以"礼后乎"相随,通篇最重者,唯此七字。不言忠信而忠信在其中,礼当先而仁为本。妙哉!

绘事喻忠义

后素继礼替

虽似言儿戏

心有仁相惜

文献章

【原文】3.9 子曰："夏礼吾能言之，杞不足征也。殷礼吾能言之，宋不足征。文献不足故也。足，则吾能征之矣。"

【今译】孔子说："夏朝的礼，我能说得明白，它的后代杞国现在的行为却不足以证明。殷朝的礼，我能说得明白，但殷朝的后代，宋国现在的作为却不足以证明。之所以不能证明，是因为如今这两个国家既不重视文教，也没有贤良的人才。如果具备这两点，就可以证明了。"

【通解】杞指杞国，为夏朝的后代，周朝时，封地在今日的河南省杞县。由于国家弱小，经常迁移。宋指宋国，商汤的后代，故城在今日河南商丘县南。国土最大的时候，包含了商丘以东，江苏徐州以西。后来被齐、魏、楚三国所灭。

此章所述，乃夫子观杞、宋二国以学夏、周两朝礼乐之事。夫子说他心里已经基本明白了大概的意思，也能通过语言说出来，可惜缺乏能证明的文献。"文献"文即典籍，献即贤人。也就是在这两个国家，既找不到祖先留下的典籍，也见不到贤良的人，文化已经落寞到无可收拾的地步。若此两者能有所存，便能证明其文明的痕迹。

读此章可见夫子学问之广博，治学之严谨，对待历史文化之态度。夫子好古敏求，博学深思，对天下古今一切学问会通于万一，以此通达了历史的演变的过程。举一反三，推一合十，笃信笃诚，崇德尚文，以验人事，以明天理，以证人伦，成为万世以来，集大成者。

夫子之学，可谓有学、有取、有证。学习成圣成贤之法，不以言取，惟言与文献相互证明，方能取之，方能证之。言与文献缺一不可。

"足，则吾能证之矣。"若足，则可证。语境中似有惋惜感叹之辞气。若能足，该多好！夫子时礼崩乐坏，诸侯之间不再尊行周礼，各怀鬼胎，在一些诸侯国，也有如季氏家族违礼犯上者。宋国和杞国当然不在例外。孔子以宋杞二国文献不足考证似在影射鲁国之弊政。为政者，既不推行文教，复兴礼乐，亦不举荐贤良，任用人才，将来之世，子孙后代，又当以何证之？

殷商灭亡之后，作为政治的延续者，应该继承前者的优良传统，以继承大统为己任，为万世华夏做证明，礼乐方能流传千古。夫子"以礼喻事"，足以说明他继承古礼，引领时代的远大志向。

学此章可知言谈要慎重，即使心中已有经略，因为无法证明就不可妄谈。

【按语】夫子承前启后，好古敏求，博文约礼，杞宋二国若有文献，必能证之，文献不足，礼崩乐坏。文献若足，天下清明，又何需证之？

> 殷商虽已亡
> 亦有礼传扬
> 宋杞文献丧
> 所行证不详

既灌章

【原文】3.10 子曰："禘自既灌而往者，吾不欲观之矣。"

【今译】孔子说："参加禘祭之礼，从献酒开始，我就不想再看下去了。"

【通解】禘指禘礼，为祭祀礼的最高级别，通常在两种情况下举行，一是天子驾崩，要将其神位迎奉在太庙，这个时候要将始祖以来的所有祖先一并进行祭祀，为突发情况。二是常规祭祀，每一年按照四时举行，春季叫祠礼，夏季叫灼礼，秋季叫尝礼，冬季叫蒸礼。每五年在太庙举行一次的祭祀叫禘礼。以上所列祭祀之礼，只有天子才可以举行。因为鲁国的祖先周公旦对周朝有功勋，成王和康王为表示对周公的怀念和褒奖，特赐鲁国可以举行禘礼。

灌，是禘礼进行时的其中一个仪轨，在装有酒的容器里加入相应的郁金汁。天子驾崩的禘礼要将酒献在尸体的前面，然后再灌于地上。若是正常的禘礼，将酒献于神位前，请求祖先降神在此，称为"既灌"。

孔子参加五年一次的禘礼，当进入既灌的部分，在神位排列尊卑上下时，夫子看到闵公与僖公的神位明显的摆放错了。史料记载，闵公是庄公的庶子，僖公是庄公的嫡子，僖公比闵公的年龄大一些，闵公在庄公去世后继承王位，闵公逝世后，僖公继位，闵公为君主时僖公是臣子。按礼来说，僖公的神位不应该摆在闵公的前面。但由于僖公的儿子文公是君主，他听信别人的谄媚之言，作出了这样违礼的事情。所以孔子看到这里，就感叹说："吾不欲观之矣。"意思是我不想再看下去了。

孔子的"吾不欲观之矣。"还是因为礼的问题。夫子在此时只有不被时人重视的学养和德行，却无实质性的权力，也就是有德而无位，加之国君软弱，喜欢听信谗言。即使夫子劝谏，恐怕也是无济于事。在这样的一种情况下，圣人的感叹，实在是鲁国的悲哀，更是时代的悲哀。

【按语】时行既灌，君主列僖公之位于闵公之位前，是为僭礼，何以故？虽闵幼而僖长，然闵公为君主时，僖公为臣，闵公薨，僖公继位，僖公薨，文公继位。今文公听信谗言，故有此僭礼。闵公与僖公者，君臣之有别也。若君主如此轻礼而重权谋，实乃国之不幸者也。故夫子曰"吾不欲观之矣。"

礼以长幼序

今以权所取

僖公僭闵位

圣人惟礼举

禘说章

【原文】3.11　或问禘之说。子曰："不知也，知其说者之于天下也，其如示诸斯乎？"指其掌。

【今译】有人因为鲁国的禘礼向夫子讨教。孔子说"不知道，真正知道禘礼的人对于天下的事情，就像我所展示的这样。"说着便指了一下自己的手掌。

【通解】上一章，关于夫子参加禘礼，既灌之后，对于君主的行为，夫子表示看不下去。有人认为，像这样的一件小事情，夫子何必如此太较真呢！不就是把神位摆放错了嘛，能有多大问题？对于普通人来说，确实可能不是什么大问题，但是对如此重大的国家级的祭祀大礼来说，任何一件事情都不是小事，更何况所犯的过失是神位的次序问题呢！

据《左传》记载，昭公八年，逆臣阳虎，就借禘礼上文公摆错神位的事情说事，以收买人心，企图乱政。文公的孝心可以理解，毕竟僖公是自己的父亲，但若是不顾自己的身份，因自己的私心行小孝而置大礼于不顾，必然会招来祸乱，此乃大不孝也。

后来，有人专门向夫子请教鲁国禘之祭礼的事情。夫子只是说："吾不欲观之矣。"我不想看下去了，或许有人听说了夫子的态度，向夫子核实，以探明原因。夫子为了给鲁国隐讳，于是就回答说："不知也。"但在礼的传承上，又怕别人误会，以为文公举行的这次禘礼是正确的，若是如此，那就真的是错上加错，影响礼的延续。所以又特别说："真正知道禘礼的人，对天下之事也是无所不知，就如我所示。"边说边还指了一下手掌。这是一个暗语，似有所示，大有此地无银三百两的意思，其用意是不言而喻的。

暗语是在心照不宣的情况下才能起到不可明说的作用。有一个笑话，话说刘、关、张三兄弟去请诸葛亮出山，诸葛亮在茅庐第一个见到的人是张飞，为了考验张飞的志向，先用暗语对张飞进行了一次试探。诸葛亮伸出双手，做了一个圆的形状，意为："你们心里有天下吗？"张飞正好有点饿，看到诸葛亮做出的动作，心里就明白了，以为在问他"你有饼吗？"张飞马上做出反应，对着诸葛亮比划了一下，意为："我胸前的口袋里装了很多大饼，你要多少？"诸葛亮一看张飞这个动作，以为张飞说："我胸怀天下"。因为张飞的歪打正着，反倒坚定了诸葛亮辅助刘备恢复汉室的决心。当然，这只是杜撰的小故事，但却说明了一个道理，暗语一定要给心照不宣的人说。

夫子后来的这个比喻，加上他自己说的："不知也。"表示他与问者之间一定是相互知道的，只是不好直接言说而已，毕竟是君主犯错，如果直接说出来，也算是违礼了。

读此章可知孝有大小，只顾着自己的小孝而损坏大众的利益，是愚孝。只有将个人的小孝和大众利益放在一起，才是真孝。

【按语】文公以小孝而乱大礼，实乃弃大孝于不顾者也。盖礼者本乎于心，孝者人性之本。夫孝礼相承，乃真孝也。

> 或问禘之礼
>
> 为国讳禁忌
>
> 为礼传万世
>
> 以掌示诸斯

如在章

【原文】3.12 祭如在，祭神如神在。子曰："吾不与祭，如不祭。"

【今译】祭祀祖先，举行祭礼，好像受祭者就在面前。子曰："如有公事在身，不能亲自前往祭祀，若找人替代，还不如不去祭祀。"

【通解】儒门重祭祀，而祭祀重在诚敬。然而诚敬的心一般又很难达到。譬如祭祀祖先，看着好像跪拜得很虔诚，但内心的恭敬之心到底有没有发出来呢？很难说。孔子一般不太喜欢讲鬼神之类的事情，有人以这章为例，以证明孔子是承认有鬼神的，在此不做研究和讨论，因为此章的重点是围绕"诚敬之心"，夫子想通过"祭如在"以说明礼的基本精神。如祭礼，更多是为了表达对祖先的缅怀，也有表达对天地恭敬的意思，如果不虔诚，那么祭礼又有何意义呢？如能在祭祀时，感念先人的恩德，至诚缅怀，用心感受，视死者，如视生，恭敬虔诚的祭祀才是祭祀的基本条件。

将此引申到人际交往的礼仪规矩中，亦离不开一颗诚心，倘若内心缺乏虔敬和真诚，无论何种礼，都会显得毫无意义。若人人内心真正真诚，即使没有实质的礼仪性动作，也能让对方感觉到礼的存在。内心高傲的人，即使见到人就鞠躬磕头，也会令人觉得虚伪。

譬如清明祭礼，因工作繁忙，不能亲自前往而找人代替，虽然心里有所慰藉，而诚敬之心又从何处来呢？这样的祭祀，还不如不祭，换而言之，在人际交往中也是如此，礼到心不到，还不如不去做，所以夫子说："吾不与祭，如不祭。"

读此章，可知诚心能超越一切障碍，直达人心，最有力量。如果对人对事，缺乏真诚，表面的谦虚不过是虚伪而已，于礼毫不相干。

【**按语**】礼之贵，贵在诚，若无虔诚之心，礼有何用？盖祭祀之礼，一如生前，事死如生，必诚敬谦卑，此之诚心，可通神明。如若不能，祭祀又有何用？

　　　　祭鬼神必诚敬

　　　　事死者如事生

　　　　心不诚祭何用

　　　　用此心以待人

媚奥章

【原文】3.13 王孙贾问曰："'与其媚于奥，宁媚于灶。'何谓也？"子曰："不然，获罪于天，无所祷也。"

【今译】王孙贾问孔子："'与其献媚于奥神，宁可献媚于灶神。'请问夫子，这句话是什么意思？"夫子回答说："也不尽然，如果违背了天理，在哪里祈祷都无济于事。"

【通解】王孙贾是卫国大夫。"灶"即灶神，"奥"即古人祭祀的家神之一。孔子周游列国至卫国，卫国国君相对于对其他诸侯，对夫子还算是比较信任和尊重的，也因此受到了卫国其他大臣的猜疑。古人的注解里，大多认为王孙贾引用这段古语请教孔子，是为了讽刺孔子与南子见面的事情，借此想告知孔子，与其向南子献媚，还不如请他帮忙。但皇侃在《论语义疏》里提出了不同的观点，王孙贾有实权，自比灶神；而将君主身边的近臣比作奥神。近臣和奥神一样，看似高大上，其实并没有实际性的权力。他以小人之心度君子之腹，认为孔子到卫国是为了求官的，因此向孔子示意，不如求于他。

夫子对于如此无知言辞，自有高明处，不揭穿，亦不直怼。而是顺着王孙贾的意思，巧妙地拒绝了，一问一答间表现出了截然不同的人生境界。夫子说："若是违背天理，献媚和祈祷都是毫无用处的。"这就是圣人的气度，在看待问题上，总是比一般人看得高，看得远。

王孙贾借祭祀灶神和奥神之事，向孔子表达了个人意见。其老谋沉着不显自露，何以见得？首先，他知道孔子最懂礼，于是就以祭祀的问题假意向夫子请教，以便准确地表达出他的意思。充分说明在这之前，他是下了一番工夫的，可谓有备而来。孔子更是悠然自在，不畏来者。你有灶奥，我有天理，一个是家神，一个是至高无上的天理，无可比拟。献媚于灶奥之神，是有所祈求。而讲求天理，只图心安理得而无所求也。

《曾国藩家书》里记载了这样的一个故事：曾文正公在小的时候身体不好，按照习俗，父母就给他找了一个干爹，希望孩子可以健康成长。后来曾国藩出任两江总督，他的这个干爹在家乡遭受欺压，有一块上好的田地被人给霸占了，四处告状无果，突然想起了这个当大官的干儿子，就去南京找他，一番折腾，总算见了一面，曾国藩探明来意，对官绅们的行径也是深恶痛绝。但不确定他这个干爹说的是否属实，就派了手下前去打探，待核实后，曾国藩用其智谋，使官绅们很快就归还了欺霸的田地。当老人家前去感谢时，曾大先生谦虚地笑着说："干爹不必谢我，官绅欺压百姓，这是天理难容的事情，儿子只是做了自己应该做的。"从此言可知，天理乃是曾大帅要替干爹挽回损失的动机，倘若他的干爹所言非实，并不曾受人欺压，即使是自己的干爹，曾先生恐怕也是不会出面的。

孔子周游列国，并非为了自己的私欲而四处游说，因此不必祈祷或者谄媚于谁，惟天理公道在心。

读此章可知行为端正，不去贪求，就能心安理得。只要秉持一颗公道之心，就不需要四处去祈求他人的庇护。如果真的犯了错误，即使受到了袒护，也总有一天会受到应有的惩罚。

【按语】媚于灶奥者，必有所求焉，"获罪于天，无所祷也"者，一谓告诫王孙贾，二曰表露志向。人行于世，必有所求。所求不违天理，故无所惧也！

灶奥护于家

世人皆媚他

圣人行天下

有理皆不怕

从周章

【原文】3.14 子曰:"周监于二代,郁郁乎文哉,吾从周。"

【今译】孔子说:"周朝延续了夏、商两个朝代的礼仪文化,越来越完备而精美,所以我遵从周朝。"

【通解】此章所述,在论周礼,赞叹其美,而周礼之所以如此周备,源自于"监于二代"。

夫子之所以赞周礼,尊周礼者,在此章亦可以窥见其端倪。

"监于二代"监者视也,有沿袭继承之意。是指周朝延续和继承了夏商两代的礼乐文明,从而开启了周礼的文盛华美。但此处须得注意三个问题;一是夫子所尊的周礼,并非是整个周朝的全体制度,而是周礼的仁道思想。周朝虽长达八百年之久,尊王道的时间也不足百年。一言以蔽之,夫子尊周并非尊王,而是尊道。

二是如此不足百年的时间,在后来的朝代依属罕见。何以故?因为这百年之中,先后有文、武、周等数位圣王诞生。正是这几位有德之君,坚守王道,励精图治,积累近百年之功,才得以将夏商二代的精华并入周朝,这一点乃是尊周复礼的根本所在,而经文中的"监"字正是"郁郁乎文哉"的主因所在,郁郁者,文盛之貌。显而易见,周礼之精华乃是综合了夏商之精华,之所以言夏商之精华而不言夏之精华者,有两点推测,可供参考;其一,夏商之间,各有所从,也就是夏沿袭了尧舜以来他所认为必须坚守的,而放弃了他认为不必要的,商朝则沿袭了尧舜以来他所认为必须坚守的,又吸收了夏朝时他认为所必需的,这是说明了周朝又在夏商礼乐的基础上融入了新的意义,如此则更为全面。其二,夏从上古三代,商从夏之礼乐,之所以言二代者,乃是说明道统的延续,以谓周礼道统之文盛乃是历史发展之规律。

三是夫子所言"吾从周",非是一种倒退或者刻意的复古,实属遵从王道之先进礼乐,这是从历史发展的规律而得此结论。悉知儒家向来崇拜尧舜之德,而自尧舜以后,经历夏商二代,此二代中,初期阶段皆以仁德为尊,故有文明之盛,至于中晚期,每况愈下。若从这个观点来看,周朝未必就继承了夏商二代礼乐崩塌时的思想,一定是以最优秀的为重点。而周朝初期阶段,亦以道为尊,属王道乐土。至于后期,不论也罢。

如是而论,方能对"周监于二代"及"吾从周"有一个较为系统地了解。

【按语】历史、文明终不可复也。若复者,必复人心之善能也。夫子尊周,非尊王,乃是重道矣!

> 周于二代演春秋
> 郁郁文哉圣从周
> 五千文明千古流
> 自有后人相继述

太庙章

【原文】3.15　子入大（tài）庙，每事问。或曰："孰谓鄹人之子知礼乎？入大庙，每事问。"子闻之，曰："是礼也？"

【今译】孔子去太庙做助祭工作，每遇到一个环节，每见到一个礼器都要谦虚地向人请教。有人见到这样的情况就说："鄹人的儿子真的知道祭祀之礼吗？一进入太庙就问这问那。"孔子听说后，便说："这是礼啊！"

【通解】大读太，即太庙，鲁国祭祀周公的庙。这是在孔子年轻的时候经历的一件事情，孔子自幼喜欢研究礼乐，为了精通，他经常进行一些模拟演练。正是在夫子对礼乐孜孜不倦的钻研下，逐渐受到了人们的认可。也在鲁国有了一点小小的名气。

此章是他第一次被邀请到太庙里做助祭工作时的记录，这次祭祀的经历对孔子来说弥足珍贵，倍感珍惜，但是他看到这里所陈设的器皿、包括祭祀时所用的音乐舞蹈，比如八佾之舞等本不在诸侯设礼所属的范围之内，却又堂而皇之的出现，大有僭礼之嫌。在场的人却习以为常，并不觉得有何不妥当。在这样的情况下，夫子总是不停地问，经文中将夫子在太庙里的行为用了三个字来描述，即"每事问"，夫子之问是委婉的提醒，亦有讽刺与抗议，但是这些人竟然不能明白圣人之意。

在场的人看到家道中落的夫子，心里是蔑视的，对夫子别样的提示，根本就不放在眼里。但凡不明事理的人，看到明事理的人，心情总是比较复杂的。所以怎么看都不顺眼，对于善意地提醒是无法听懂的，反而在背后说："孰谓鄹人之子知礼乎？入大庙，每事问。"，"鄹"地名，夫子出生地，即鲁国昌平乡鄹邑（今山东曲阜东南十里的西邹集。）"鄹人"是指孔子父亲叔梁纥，叔梁纥曾担任过鄹大夫，而古人通常将某地的大夫称为某人。此处称"鄹人之子"不仅指孔子年少，有轻视之意。

顺着这个观念可以这样理解这句话，他们的意思大概是："这个鄹人的儿子不是很懂礼的吗？没想到是个土包子，见到什么都要问。"从语境里常有轻浮和傲慢，亦有无知和无礼。当他们的这番话传到夫子那里时，夫子说："是礼也？""也"同耶，疑问辞，从"也"字可细细参究圣人当时的心境，夫子在面对僭礼的人与事时，既不长篇大论，亦不能不应，以一语反问，既是知礼处，亦是慎言处。

【按语】不知者非真不知礼，乃是不愿知也。夫子以"是礼也"，为辨之，语虽短，意亦精。此圣人知礼处，亦是慎言处。

好礼孔夫子

不厌习祭事

不知为不知

美名传万世

主皮章

【原文】3.16 子曰："射不主皮，为力不同科，古之道也。"

【今译】孔子说："射艺不以穿透皮革为目的，因为力有大小，古时候就有这样的传统。"

【通解】"射不主皮"，"皮"代表箭的靶子，射箭只要射中就可以了，至于能否射穿靶子，并不是主要目的。以前的射艺有两种，一种是以军事为目的射艺训练，重视力道和技能，讲求百步穿杨，强调结果。一种是以养德为目的，是为射艺，儒家将之列为六艺之一。

自武王推翻殷商，建立周朝以后，天下太平，射艺不再以射穿靶子为目的，箭射出去后，有没有命中靶心，不是最重要的，而是更注重过程。为此还提出了相应的要求；一曰和志，体和也，就是心怀正气，举止端庄。二曰和容，有容仪也，就是指和悦温柔的态度。三曰主皮，能中质也，就是不以射穿靶子为目的，只要中了就好。四曰和颂，合雅颂，射礼时有优雅的乐曲作为伴奏。五曰，兴武，与舞同也，意思是射艺已经完全接近于舞蹈。综合以上五点可以看出，当时以射艺养德的教育方法已经有了完善的仪轨和理论指导。

"为力不同科"，科即等级，人的力气有强弱，不可同等，也不能分高低，惟德是从。

然而，从"古之道也"可知夫子的慨叹，春秋时代，礼崩乐坏，诸侯们各自为政，乱象丛生，大家不再以射艺为养德的手段，而是越来越开始重视能否射穿靶子，此为尚武之举。夫子观射艺，似乎感受到了战争的步伐正在慢慢地向人们靠近。古圣先贤所遗留的仁爱之道，礼乐之道正在渐渐地退却，而最先退失的是道心，道心一失，道风自散。所以"古之道也"也有提示，呼吁之意，意在勉励门人，以恢复先王之道为使命，在此不可为之时亦要为之。

【按语】射不主皮，以养德也。力不同科者，包容强弱，不以力而有别。若射主皮，必生嗔心，嗔心生，仁心不存，德之弃也。自春秋，诸侯暗自涌动，弃文修武，射艺尽失，射以穿革。故圣人叹之，谓古道尽失也，于细微处感知大乱将至矣！

> 射艺贵养德
> 无奈时不解
> 圣人于细觉
> 哀叹古道别

饩羊章

【原文】3.17 子贡欲去告朔之饩(xì)羊。子曰："赐也！尔爱其羊，我爱其礼。"

【今译】子贡见告朔之礼已经不受国君重视，每次告朔之礼，只是向太庙敬献一只羊而已，所以就想不如连献羊也取消罢了，可以使羊免受杀戮。夫子知道后就说："赐啊！你爱护羊的生命，可是我更希望告朔之礼能延续下去！"

【通解】"告朔饩羊"周朝的礼制之一。每年秋冬交接之际，周天子向诸侯颁布来年历书，亦称之为政书令，诸侯接到历书后，将之藏于太庙，次年在每月初一日杀羊祭祀于庙，然后再回到朝廷听政。

根据《春秋》记载，文公成为鲁国君主后，因为生病的缘故，有四次缺席告朔之礼，自此以后，鲁国的国君就逐渐不再重视此制度，告朔之礼近于废除。每逢时至，只保留了向太庙敬献羊的祭礼，但也只是草草了事，流于形式而已。子贡或许也看到了烹羊时的残忍，所以就想，既然国君已经不再重视这样的礼，我们干脆不如把献羊这件事情也取消算了。

夫子得知了子贡的想法后，便说："赐也！尔爱其羊，我爱其礼。"夫子先是呼唤了一下子贡的名字"赐啊！"此处可感受到夫子对于子贡这个想法的复杂情绪，有认同，也有惋惜。或许孔子对于此事亦做过考量。也许曾经和子贡一样，有过相似的想法吧！但是，在这个礼崩乐坏的时代里，如果连告朔献羊的环节都取消了，有可能过不了多久，人们就会将所有的礼乐也彻底地遗忘，这是夫子不忍看到的，他更希望礼乐能复兴起来。保留告朔之礼还有一个原因，它的存在至少还能证明这个国家还在遵守周朝的历法制度。

子贡爱羊，乃是仁心之端，恻隐之心，见羊被杀之痛状，又见礼之不能兴，既然如此，又何必让羊受痛，羊之痛，实乃子贡不忍之心。

夫子爱礼，乃是仁德之显，儒门以人为本位，一切乃是从人本出发，以达天理。人本的根本保障在礼，若因羊之痛而舍人之本，是为舍大求小。小为羊，大者礼。羊不能和人相比，在《孟子·梁惠王上》有这样的一段话："仲尼曰：'始作俑者，其无后乎？'为其象人而用之也"。意思是说，夫子反对用泥土做成的人形为逝者陪葬，当然更反对用真人殉葬了。由此可知，人本思想为儒家所重，礼为人之根本。之所以引此段话，是怕有人误会，以为夫子宁可牺牲小众利益也要维护大众利益。所以，摘抄此段为夫子作证，夫子之礼乃是建立人之本位，并无宗教众生平等之说，礼之不分贫贱等级，只在保证为人之根本。

夫子于此章所爱之礼虽小，亦属大，大在礼之象征。苏武在出使匈奴的时候，被大单于拘禁并流放，面对艰苦的环境和匈奴的威逼利诱，苏武始终保持着爱国之心。在外十九年，仍然保存着象征汉朝使节身份的节符，在他眼里，节符代表了国家的尊严，也代表了自己的身份，节符虽小，意义巨大。

【按语】春秋礼崩乐坏，告朔之礼，俨然已失，子贡不忍见羊死而欲取之，夫子闻之，以礼告之。若取饩羊，则礼将不存也，故不可取也。惟此羊以存其礼，此乃礼之端也。

> 春秋礼乐崩
> 告朔已不存
> 留羊恐人忘
> 待机礼再扬

尽礼章

【原文】3.18　子曰："事君尽礼，人以为谄也。"

【今译】孔子说："对国君行君臣之礼，人们却以为在献谄媚。"

【通解】当时的鲁国国君被三家架空，基本上失去了实质性的权力，所以，人们都喜欢结交权贵，几乎忘记了还有国君的存在，在这种黑白颠倒的社会风气里，对行君臣之礼的人，大家反而觉得不太正常，还以为在向君主谄媚。

历史上类似于这样的事情有很多，像秦朝的赵高，试图谋朝篡位，为了试验朝中大臣意愿，特地呈上一只鹿给秦二世，并说这是马。秦二世不信，赵高便借故问各位大臣。凡是摄于赵高淫威而甘愿顺从的都说是马，而敢于反对赵高，勇于说真话的人则说是鹿。后来，凡是说鹿的大臣都被赵高用各种手段害死了。

读此章可知人们的无知因为"利益"而存在，无知者非是真无知，乃是私心蒙蔽了良知。

【按语】谄媚者皆以谄媚而获利，行正者反遭耻笑。不知礼者以谄媚大行于世，知礼者有礼而不知行于何处！

鹤在鸡群立

反被恶语讥

世人不知义

乱礼又欺己

君臣章

【原文】3.19 定公问："君使臣，臣事君，如之何？"孔子对曰："君使臣以礼，臣事君以忠。"

【今译】鲁定公问夫子："君主使唤臣子，臣子服事君主，怎么样？"孔子说："君主使用臣子，当以礼而行，臣子服从于君主，当以忠而行。"

【通解】定公，名宋，是哀公的父亲，定是他的谥号。

"君使臣，臣事君，如之何？"君对臣下达命令，称为使。臣对君称事。定公此问，明显持以君臣间不平等的观念。当时，鲁国政治长期被三家掌控，政令不通，致使鲁定公非常的烦恼，于是向孔子处就此现象进行探讨。他认为君臣有别，所以，君主使唤臣子是天经地义的事情，而臣子要对君主绝对服从，企图以此改变鲁国混乱的政治局面。但对于自己这样的想法，还不太确定是否正确，于是就想听听孔子的看法。

"君使臣以礼，臣事君以忠。"从礼的精神来说，君臣有上下之分，但是各自有界限，需要共同遵守，若君能以礼待臣，臣亦能以忠侍君。从此处可知夫子的思想是多么的高度统一，"君使臣以礼"的观念和"为政以德"同出一门，本无二别，是同一个主线，万变不离其宗。世界上没有无缘无故的爱，也没有无缘无故的恨。君以德为尊，所以才能以礼待臣，臣亦能以忠事君，互为因果，君为主动，臣为被动，臣所忠者，忠于君之德，若君无德，即使有臣可使，其忠到底如何，就需要另当别论了。

我们不能一遇到问题就埋怨别人，首先得学会从自己身上找原因，别人为什么会如此对自己？自己对他又如何？背后的动机又是什么呢？古代的君臣关系已经和这个时代千差万别，但人与人之间的关系，依然没有脱离"君臣关系"的思想原理。"君"可以是人际关系中暂立于主动位置的人，"臣"则为另一方，主动者以礼待人，对方亦能以礼应之。此"礼"于君臣、上下而言为忠，于父子、亲情而言为孝、为恩。于朋友间而言，为信。

2016年4月的某一天，国内某家快递知名品牌的员工在投送快递的途中，不小心蹭坏了别人的私家车，被气急败坏的车主扇了耳光，事件被网络曝光，引发社会广泛关注，快递公司的主要负责人不但力挺自己的最底层员工，还给予了他相应的关怀和鼓励，此举大大地激发了员工们的工作热情。从这件事可以看出，在人际关系中，处于主动的一方若能以真诚和宽厚之心待人，就会上行下效，以心交心。

【按语】待人当以礼而行之，处世须以忠而效之，如此方能心心相印。

待人以礼行

处世须效忠

若要事事顺

须得心有诚

关雎章

【原文】3.20 子曰："关雎乐而不淫，哀而不伤。"

【今译】孔子说："《关雎》真的非常好，欢乐但不至于淫，哀叹但不至于伤心。"

【通解】《关雎》为《诗经国风》的第一篇，主要讲述文王和她的后妃太姒（si）的爱情故事，整首诗既有生活化的真实写照，也有充满诗意的遐想，更是对人性的抒发和赞美。

例如"关关雎鸠，在河之洲"首先就描述了一个幻化般的清纯世界，江山风清，碧水依依，绿草悠悠，阳光柔和，细风微微，成双成对的斑鸠，在天空中自由地翱翔，时而发出清楚的鸣叫，鱼相竞游，就在这样明媚的天气和景色里，一对青年男女不期而遇，淌水而过，天地人，浑然一体，合成一幅美妙的画，天也纯，心也纯。从此便将彼此记在心里。

从这首诗里才发现，美妙的爱情，不只是属于美女和小鲜肉，也属于贤良的女性，她不一定有迷人的外貌，但必然有贤淑的德行。男子也不一定要帅气，但必然有德才、有志向。外在的一切总会衰退的，容颜也包括在内。而只有内心的美德才可以不断地升华，乃至不朽。古人的眼光真的很独到，要看就看人的本质。试想一下，两个内心都很美的男女不期而遇，心中能不快乐吗？但这种快乐是清纯而不带任何杂质的。没有杂质，自然就是不淫，淫者迷其貌，不淫者好其德。

再如"述之不得，寤寐思服"两句是在描述翩翩君子自从与贤良的淑女相遇在河畔之后，思慕难求，不能入眠，所以躺在床上，翻来覆去，思绪绵绵，心有哀，但不伤心，不伤感，如果伤了就是断了，所以哀而不伤。

此章夫子提出了"乐不淫"，"哀不伤"的爱情观和婚恋观，既是对人性的肯定，亦彰显了中庸之道的无处不在。

【**按语**】《关雎》之"关关雎鸠，在河之洲"者，既兴于景，又合于情；景者河水之畔，鱼跃碧水；情者雎鸠竞相捕捉鱼儿，此自然之规律，犹男子与女子必然情发而合也。此合者，端庄之君子，贤良之女子，思慕贤能，乐之钟鼓。上继宗庙，下承人道，以顺天道。故"乐不淫，哀不伤"也。

《诗经 国风 关雎》原文鉴赏

关关雎鸠，在河之洲。

窈窕淑女，君子好逑。

参差荇菜，左右流之。

窈窕淑女，寤寐求之。

求之不得，寤寐思服。

悠哉悠哉，辗转反侧。

参差荇菜，左右采之。

窈窕淑女，琴瑟友之。

参差荇菜，左右芼之。

窈窕淑女，钟鼓乐之。

问社章

【原文】3.21 哀公问社于宰我,宰我对曰:"夏后氏以松,殷人以柏,周人以栗,曰:'使民战栗'。"子闻之曰:"成事不说,遂事不谏,既往不咎。"

【今译】鲁哀公关于社的事情,想听听宰我的意见,宰我说:"夏朝用松树,殷商用柏树,周朝人用栗树,就是想让民众惧怕于政权。"孔子听说这件事情之后,便说:"已经成为事实的事情就不要去说了,遂心既成事实的事情,就不要去劝谏了,已经过去的事情就不要去追究了。"

【通解】宰我是孔子早年的弟子,姓宰,名予,字子我。

"社"类似于国树,由首都所在地的土壤来决定,比如夏朝用松树,殷商用柏树,周朝人用栗树,按照哀公所问的社,又从宰我的答话中推知此社以社主而言,古代祭祀土神,要替他立一个木制的牌位,这个牌位叫主,而认为这一木主,便是神灵之凭依。如果国家有对外战争,必须载木主同行。

鲁国被三家专权的事情在《论语》里不断的反复出现,君主试图通过各种方法以改变鲁国不正常的政治生态,而三家并没有觉察到自己有何不妥,甚至连一点不安的情绪都没有出现过。在这样的情况下,哀公想借用"社"的事情对三家起到警示的作用,以改变现状。所以就想听听宰我的意见。

"夏后氏以松,殷人以柏,周人以栗"夏、殷、周三代所立社木及社主各不相同。夏朝国都在河东,其土壤适合松树,所以立松木。殷商居亳,其土壤适合柏树,所以立柏木。周朝在酆镐,其土壤适合栗树,所以立栗木。这三种树全是坚硬耐久的木材,因此立为社。然而,只说三代之都,而非天下全要以这三种树为社。宰我告诉哀公三代社木之不同,又言"使民战栗"意思是周人用栗,还有一层意思,就是想以社使民对君有战栗。战栗即恐惧之貌,栗犹今天的慄。从宰我的这番言辞可知，宰我深知哀公之意，又不便明说，而是借周朝以栗为社而使民战栗的说法鼓励哀公在政治手段上有所依据，从而试图取得权位的合法性。

夫子当时还在周游列国，当他听说宰我对哀公的这番言论后，对身边的弟子表达了自己的看法。孔子心知哀公无能，不想宰我白费力气。而三家独揽朝政时日已久，此时若行快刀斩乱麻之举，并不适宜，搞不好会适得其反。而孔子的这个观点，不仅是为这件事情而说，更是处理事务的方法。

从经文中可知宰我的言辞并不符合儒门本意，正确的言论应该具备三个方面的特征；其一：成事不说，事已成，说之无益。已经成了这个样子，再去评说，于事无补。应当持以尊重事实的态度，亦不能做出过多的干涉。其二：遂事不谏，遂即行义，事已行，不复谏。正在进行的事情，就好比刚刚发动的车，处于热情高涨的阶段，如果此时提出相反的意见，很难被对方所接纳。谏与不谏都是一样的结果。其三：既往不咎，事既往，不追咎。也就是不做"秋后算账"的政治谋杀，毕竟事情已经过去很多年了，搞清洗，再追咎，就是苛政、暴政，非仁者所为。

此三点，其共性之处在于时机，一切行为，特别是为政之道，时机尤为重要，适时而动又需要智慧修养，此非平常人所能具备，须从进德修业方能得证。

【按语】宰我以周朝用栗而谏于鲁哀公，夫子闻之，以成者之事不可说，遂心之事不可谏，过往错不可咎而教之，显夫子宽恕之德。

> 往者不可谏
>
> 来者心以坚
>
> 若欲仁者乐
>
> 唯有以时选

器小章

【原文】3.22 子曰:"管仲之器小哉?"或曰:"管仲俭乎?"曰:"管氏有三归,官事不摄,焉得俭?""然则管仲知礼乎?"曰:"邦君树塞门,管氏亦树塞门。邦君为两君之好有反坫,管氏亦有反坫。管氏而知礼,孰不知礼?"

【今译】孔子说:"管仲的器量小吗?"有人问:"管仲节俭吗?"孔子说:"管子有三房妻子,家中设有专门管理的家臣,这样怎么能算节俭呢?""那么管仲知礼吗?"孔子说:"君主居住的大门外设有屏,管家也在大门外设立了屏;君主在迎接外宾的地方设有土几,管仲也设立这样的土几。若说管仲知礼!谁又不知礼?"

【通解】"管仲之器小哉?"管仲,名夷吾,齐桓公相,桓公尊称他为仲父。器即器量、器度。凡是器者必有容量,而容量有大有小,人的心量如同器皿之容量,亦有大小之别。心量之大小取决于识之深浅,深则大,浅则小。所以古人将之称之为器识、又称识度。夫子于此章评价管仲之量小,主要体现在两个方面,其一:在节俭方面管氏有三归,官事不摄,焉得俭。三归者意为管仲娶三姓女,也就是有三处府第。然而,在古代只有诸侯才能有这样的资格,若依此来看,管仲有僭礼之嫌。"摄"即兼义,也就是三处府第不能兼摄。如此则又增加了不少用度,管仲的奢靡不俭,于此可知,之所以奢靡不俭,全因其对自己的自满心理在作怪,认为自己的德才已经无人能及,再也不愿去反省自己,任欲望横行。俭是美德,不够节俭是小器量的表现,此"小器"与平常理解的"小气"有所不同。譬如尧、舜,在那样显赫的位置,还依然保持节俭的生活,他们追求的是个人的修养。而管仲在帮助齐桓公建立功勋后,就开始安享富贵。说明志气不够大,从这个层面上讲,夫子认为管仲是小器的。

其二:管仲不知礼,他是:"邦君树塞门,管氏亦树塞门"。树塞门即门屏,在古代，按照礼制，天子在门外立屏，诸侯在门内立屏，管仲亦在自家建屏，此为一不知礼。其次，"邦君为两君之好有反坫，管氏亦有反坫"坫者，国君迎接外宾时专门放酒樽的土几，为两君之好有反坫。管氏而知礼，孰不知礼？管仲也在客厅里设立了仿照。从这两个地方说明了一个问题，屏是在大门外的，人人都可以看到。土几是房间内的，相对比较隐蔽。但都是身份的象征，管仲在建筑方面，从内到外都表现出僭礼的行为。其他的建筑会不会也有这样的情况呢？从这一点上反映了管仲还是有点居功自傲的，不把"礼"放在眼里的，算是不知礼的又一表现。

孔子之所以对管仲有这样的评论，只不过是就事论事，没有针对管仲而说，而是以此事向大家说明了一个道理，让人懂得知"礼"知"俭"，知大器。

提示人们无论功劳有多么大，功勋有多么高，只有追求最高道德才是人生的第一信条，这才是大器。只注重物质享受的人，难免居功自傲，就算是才高八斗也是小器量。

【按语】小器者，莫若求富贵，图享乐者也。唯尧舜以天下心为心，德泽万民而处其俭，为日月也，此之为大器。管仲有三归，又设诸官，以摄其事，是为奢。管仲亦于其所立君主之屏，设君主之几，是谓不知礼者也。夫子非谓管仲之小，此乃圣人以事论事，惟愿后世以此为典。以大器为志，以俭为德，以礼为本。

> 尧舜泽华夏
>
> 其器言难夸
>
> 管仲助桓公
>
> 无俭礼不恰

语乐章

【原文】3.23 子语鲁太师乐，曰："乐，其可知也。始作，翕如也；从之，纯如也，皦如也，绎如也，以成。"

【今译】孔子对鲁国的乐师说："音乐的演奏其实是可以这样进行的，开始的时候，声音振奋而有节奏，渐渐进入到纯一而和谐的状态，再到明亮清透的境界，其势连绵不绝，美好的音乐就这样完成了。"

【通解】"语"即告诉之义。"太师"乐官名。

"翕如也"谓音乐开始，"翕"即合，奏金，钟鼓，所有的乐器先合奏。《孔子家语》记载，夫子周游列国，回到鲁国后，开始整理礼乐。这里是孔子对鲁国乐师关于音乐的一段讲话。阐述了音乐的四个关键性要素。如果说"礼"是行为的规范，那么音乐就是来自心灵的甘泉。好的音乐可以给人振奋和向上的力量，让迷途中的人们看到希望，使刚健的人变得庄重。就如音乐刚开始的"翕如"。此为乐之始，它能一开始就以音声摄受听者的私意，令人乐此不疲，乐在其中，以乐声印心声。

"纯如也"钟声既作，八音齐奏，乐声自此放开，"纯"即和谐义，此时乐器之声与人声同起，一团春意，郁郁葱葱，无有杂染。

"皦如也"，皦即清楚明白。此时人声与器声在一片纯和中似清浊有别，先后有序，犹如清澈的溪水中能见到欢快的鱼儿在游荡，善恶亦在此时能有经纬之别择。心灵清亮而纯洁，似一轮圆月，直挂心头。

"绎如也"绎即连续之义，相互滋养，如有清浊高低，前赴后继，精密连绵，一路舒畅，流向远方，直达心灵。如此便念念向善，连绵不绝。

"以成"，即一首乐声在如此过程中完成，这美好的音乐像风又像水，轻轻抚慰着每一个听众的心灵。音乐像细雨，能滋润心田。

我们身处的这个时代可能再也无法听到孔子时代那么美好的音乐。读此章可以感知音乐对人心境的影响和修正作用，如此也就不难理解孔子为什么这么重视"乐"了。

乐声即心声，乐声从万物中来，以秉正之气化而为乐，此先王之仁德所显处。

常年在海外奔波的人们，身在异国他乡，突然听到来自家乡的音乐，那种亲切、振奋、激动之情是溢于言表的。当一个人心情失落的时候，如果有一首悠扬而亢奋的乐曲在耳边回响时，或许烦恼和痛苦会在不经意间烟消云散。这就是音乐的力量，它是离心最近的声音。当然此处所言之乐，乃是雅正之乐，非五音浑浊、靡靡之音之乐所能比拟，即使是靡靡之音亦能影响人的思绪。所以古人有乐近心，听正乐得正气，听浊音则损阳气的说法。

在孔子返回鲁国后，随处可见礼崩乐坏的迹象，礼乐之精神再也得不到社会各个阶层的认可。被人们任意践踏。"乐"再也无法发挥它向上的能量，变成了取乐的工具。夫子以千秋万代计，以王道礼乐计，认为当下的情况非常的危险，决心重新进行编排和整理礼乐文献，以恢复人们内心的神圣和庄严。

【按语】乐之可知也，成于器而近于心。翕之盛，心之振奋。纯之和，心亦和也。皦之洁，心之不染于尘。绎之续，心之念念向善也者。圣人重礼乐，实乃重人之善能也。

雅乐承尧舜
其声心能润
翕纯皦绎成
染心亦能纯

木铎章

【原文】3.24 仪封人请见，曰："君子之于斯也，吾未尝不得见也。"从者见之。出曰："二三子，何患于丧乎？天下之无道也久矣，天将以夫子为木铎。"

【今译】孔子到达卫国的邑地，这里的地方官请见孔子，他对夫子的弟子禀告说："凡是君子到达这里，我都要亲自会见。"见完孔子，出来之后又对夫子的弟子说："你们何必担心自己的老师呢，如今的天下礼崩乐坏，暗无天日，昏聩无道很久了，天生夫子就是要警醒世人的。他就是人间的警铃，唤醒沉睡的人！"

【通解】"仪封人"，"仪"地名，卫邑。封人，封疆之官。夫子路过此地，他特地请见。

在历史上，有许多相聚是在第一次就达成某种共识，并给予对方极高评价的典故。相传，孔子在第一次见过老聃之后，就对老子发出了由衷的赞叹，虽然孔子并没有透露二人之间到底谈了些什么，但从孔子后来的言辞可以猜测到他们之间的这次交流是深入而契合的。

夫子在周游列国的时候，也见过很多行为极其奇怪的人。本章所出现的仪封人算是其中之一，史料不曾留下他的名字，也不知道他具体的来历，但他确实曾在夫子处于最艰难、最灰暗的时候出现过。当他听说夫子来到他所在的地域后，前去拜见孔子，从"请见"二子可以感受他的真诚。此足以说明，孔子在那个时候已经被很多人所熟悉和了解。

仪封人在见孔子时，最先见到的是夫子的弟子。为了能得到他们的引见，便做了一番自我引荐，引荐所采用的文辞也极为有趣。体现了他的诙谐和练达，他说："君子至于斯也，我未尝不得见也。"言外之意就是"凡是君子到了我的这个地方，我都要向他们请教和学习，我要见他们，因为他们是君子，所以他们一般也都会见我。如果你们不让我见你们的老师，那只能说明你们的老师并不是君子，更谈不上是什么圣人了！"如此一番陈述，基本达到了目的，亦说明了他的不平凡。

仪封人在与孔子相见后，首先对引见他的人说："二三子，何患于丧乎？"意思就是：你们何必忧虑呢？说明在他初次要求引见时，这些弟子心情不太好，一个个忧心忡忡的样子，被仪封人敏锐地发现了，并且心里明白这几个学生因何而忧患。他接着说："天下之无道也久矣"天下无道，时间已经很久了。那个时候，各国的政策都不一样，如果他只是了解某一个区域的国策不好，他便不会用到"天下"这样的文字，而当时信息并不发达，一个人想要知道得更多，就得具备收集和捕捉天下时政的途径和能力。想必此人的确见过很多形形色色的人。

至于仪封人在见到夫子之后谈了什么，并没有记录，他也没有告诉大家。但通过这次相见，他发现了孔子确实是一个与众不同的人，他说："天将以夫子为木铎"。天下已经乱了很久了，乱得一点道德都没有了，在这样暗无天日的世界里，上天派孔子来到人间，他即将成为万世"木铎"，木铎即警钟，可以唤醒这些已经沉睡了很久的人们！仪封人在充满忧患的时代里，对落魄的孔子充满了信心，与其说这是仪封人对孔子的赞叹，还不如说是他对未来的预见。可见仪封人的眼光独到，不然谁会对一个落魄的人说出这样的一番话呢？对此，莫名地喜欢仪封人，这样的人实在太少，因为贪婪，人们总是喜欢做锦上添花的事情，很少有人能以某个人的思想和行为去判断他的将来。

有时候，特别渴望能见上孔子一面，当面听听他老人家的教诲。但当孔子这样的圣人真正出现的时候，未必是一件好事，因为天下无道，才会出圣人！国家大乱的时候才会出现像岳飞那样忠诚的人。我崇拜圣人，也仰慕像岳飞那样的英雄，但不希望他们真的再一次出现，希望天下永远有道，国家和谐，希望每个人都做自己的圣人。

编者将此章排在《八佾篇》，亦有其用意，仪封人从请见到出门之后对夫子的赞叹，都能感觉到他的进退有礼，言辞适度的礼乐精神。

【按语】仪封人知圣人。《易》告之曰："否极而后泰来。"天下之无道之极致也，始有天降圣人于世。

道将末于世
始有圣人至
夫子万古灯
文明代代师

韶武章

【原文】3.25 子谓韶："尽美矣，又尽善也。"谓武"尽美矣，未尽善也。"

【今译】孔子评价《韶》乐："非常完美，非常有催人向善的力量。"评价《武》乐："非常完美，却缺乏向善的力量。"

【通解】韶即《韶》乐，是尧舜时期所作的乐曲。武即《武》乐，是周武王时期所作的乐曲。孔子在整理礼乐时，对这两首曲子作了对比和评论。

夫子对乐曲极为精通，他曾经向师襄学习古琴。孔子通过反复的练习，对赞美周文王的《文王操》有了特别深刻的体悟，由旋律、技巧、用意，再到了知其中的人物相貌，以至于文王当时的心境，他都可以感受得到。没有极高的心性和音乐素养，是很难做到的。

此章，古人的注解认为孔子之所以说《韶》乐尽美尽善，是因为尧舜有至高的修养德行，所以从来没有发动过战争。孔子认为周武王的《武》乐尽管很美，但不能像《韶》乐那样尽善。原因在于周武王曾经发动过对殷商的战争，所以他的《武》乐里有杀伐的情绪在里面。

明代的蕅益大师在《论语点睛》里引用了觉浪禅师的说法，觉浪禅师认为，这只是孔子单纯对两首曲子的评论，无关作曲者的个人行为。《韶》乐完美地表达了舜的美德与善良。而《武》只是表达了武王的美德，但没有将武王的善良表达出来。觉浪禅师的这个说法尤为亲切。如果说孔子认为武王有杀伐，就不完美，那么夫子在推崇尧舜的时候就不会一并推崇周礼。既然乐曲未有尽善，那么礼的方面就更不会尽善了。

当时，武王伐纣在推翻残暴的殷纣王朝以救民于水火时，不仅仅只是为了夺取政权而发动战争，武王时代不像尧舜时代，尧以天下为公的观念，用德行选用接班人。因此，殷纣王不可与尧帝作同日而论，武王也无法让纣王在不受武力攻击的情况下就可以自动退位。由此可见，这首曲子只是孔子单独就乐曲而论，并未就创作者的行为进行评论。

【按语】韶乐者，尽舜之善美。武乐者尽武王之美，未能尽武王之善也。古之学者多以为夫子谓《武》乐之未尽善者，乃武王有伐纣之武事，故《武》乐亦有杀伐，未尽善也。然武王之杀伐，乃救人民于水深火热之中，非谓王权之争斗也，故其武乃善。夫子憾其《武》乐未尽武王之善也。

韶乐演舜德

尽美亦彰学

武乐赞武王

圣人唤众觉

居上章

【原文】3.26 子曰："居上不宽，为礼不敬，临丧不哀，吾何以观之哉？"

【今译】孔子说："官居上位的人，对下不宽容。行礼时也没有一点恭敬的样子。参加丧礼时也不哀伤。这样的人，要我如何看待呢？"

【通解】此章又出现了"吾何以观之哉"之语，夫子表示看不下去，在礼崩乐坏的时代里，但凡有良知的人，实在是有太多的人和事让人看不下去。每个人在成长的过程中，也会经历看不下去的事情，有些人因为看不下去而埋怨，抱怨。有些人会置之不理。还有一种人会因此而开始思考人生，思考社会，孔子属于后者。

"居上不宽"居上即指在上位者，作为领导，以爱人为主，以宽为本。若上位者不能宽以待人，则有失其本，其本已失，何以观之？这个世界上没有谁不犯错误的，就连孔子的高徒颜回也会犯错误，所以才说"不二过"。犯错误并不可怕，最可怕的就是管理者不能正视问题，对犯错者又采取不宽容的态度，以至于打击报复，滥杀无辜，这是最可怕的，也是最让人看不下去的。

"为礼不敬"，"为"者行也，行礼以敬为本，若无敬则礼虚。既行虚礼，何以待人？礼的本质不是见人就鞠躬，见人就问好，这只是礼的一种形式。在生活中我们确实会遇到一些不值得让人恭敬，但又不得不去行礼的人，面对这样的情况至少也要表达出自己的真诚，以不至于让人觉得虚伪。

"临丧不哀"临丧即居丧，居丧主哀，哀自孝，若无此心，居丧何在？当以哀戚，丧礼是生与死的告别，如此庄重的场合，也只有哀戚才能表达，至少也要诚敬，以表达对逝者尊重和对家属的慰问。

在以礼为核心的《八佾》篇最后一章提出"不宽"、"不敬"、"不哀"借以阐述礼的本质是什么，应该重视什么？此与《八佾》开篇遥相呼应。

【**按语**】君子以不攻人之恶为宽，当求诸己，莫迁过于人，此谓躬自厚而薄责于人也。礼当以敬诚为本，失敬失诚而行于礼，必为谄也。丧之礼，生离死别之大事，哀戚之情溢于言表。故而夫子以"不宽、不敬、不哀"警示之，以示礼之重者，不可图于外也！

> 待人以宽厚
>
> 恭敬行礼周
>
> 生死在哀戚
>
> 仁德绕心柔

里仁篇·第四

里仁章

【原文】4.1 子曰:"里仁为美,择不处仁,焉得知。"

【今译】孔子说:"居住在有仁者居住的地方,最为美。不会选择仁善的地方居住,是没有智慧的表现。"

【通解】"里仁为美"里即居义,居人为美,孟子云:"仁,人之安宅也。"也就是人在处于仁的状态时是最为美好的。无论是择居、择邻、择业,还是择友,终不放弃以仁求仁的人生目标。所以,夫子又紧接着说"择不处人仁,焉得知。"人生有很多的选择,譬如财富、权力等等,而选择仁德成为人生的信条和追求,一路所遇到的风景自然也别有一番滋味和体验。"知"即智慧,知者利仁,如果不能择仁道而行,便无以证明其知,故不能得智。

人在未能坚定仁德信念之前,习性是摇摆不定的,遇善则善,遇恶则恶。常言道:"近朱者赤,近墨者黑。"选择和什么样的人在一起就变得尤为重要,这便是以择友而修仁。

譬如孟母三迁的故事就是以择邻而修仁的典范,体现了选择成长环境的重要性。孟子在很小的时候,她的妈妈就开始重视他的教育,最先他们家居住在离墓地很近的地方,孟子学了些祭拜之类的事情,就模仿大人玩起了办理丧事的游戏。他的母亲说:"这个地方不适合孩子居住。"于是把家搬到了集市旁,孟子又开始模仿大人,玩起了买卖和屠杀的游戏。母亲又想:"这个地方还是不适合孩子居住。"最后把家搬到学堂旁边。孟子就学会了在朝廷上鞠躬行礼及进退的礼节。孟母说:"这才是孩子居住的地方。"于是就确定了下来,长期定居了。孟子长大成人后,果然学有所成。继承了儒家思想,成为继孔子之后的又一个大成就者,被称为"亚圣"。

但无论是择善友而处,还是择善邻而居,抑或是择善业而从,其目的在于从其善而修己之仁，若无处仁之志，纵然与善人而行，亦不能得其善。所以，先要立志居仁，再以择善而行，哪里有不得仁的道理，哪里有不得知的道理呢？

读此章有两义；一者心居于仁，或者人中立志为仁，则人性之善美，自然流露。而智慧亦在其中。二者环境与朋友对学问之重要。由此可知人与人之间会相互影响，内心是什么样的人，就会感召到什么样的人。智慧决定道路，圈子影响人品。

【按语】夫里仁者，居仁心为要，以择善为本。盖凡夫受世俗熏染，心性最易变化。遇善亦善，遇恶则恶。故夫子曰："里仁为美。"若人不择仁善之乡邻而居者，焉能以无智而论哉。

> 仁者居仁地
> 良能无他替
> 孟母择邻处
> 仁心立德基

约乐章

【原文】4.2　子曰："不仁者，不可以久处约，不可以长处乐。仁者安仁，知者利仁。"

【今译】孔子说："没有仁德的人，不可以长期处于贫困。不可以长期处于富乐。仁者只安于仁，智者只做有利于培养自己仁德的事。"

【通解】"约"即穷困之意，不具备仁德的人，不能长期处于贫困，生活的困顿会让他失去向善的力量，从而不择手段地去追求物欲。越去满足物欲，越会麻木不仁。其本性向着恶的一面开始延伸，不能说追求物质就是错误的，但将人生的全部意义倾注于物质的追求，最后就变成了穷得只剩下钱的人生是悲哀的。

同样，不具备仁德的人，长期处于富乐的物质世界里，会变得飘飘然而失去重心，从此骄奢淫逸，飞扬跋扈，将人生腐败到底，直至毁灭。孔子在他的言谈中，极少阐述"仁"的状态，这里也没有谈及"仁"到底是什么，但凡是因为贫困和乐富而迷失自我的人，肯定是没有"仁心"可言的。

夫子谈"仁"类似于中医问诊，极为尊重病患的实际情况。一个人到底怎么样才是真正的健康，恐怕一时半会也说不清楚，但吃得香，睡得好，基本就表明身体是相对健康的。相反，则一定是身体出现了状况。如果非要用语言去表达，即使说得出来，听者也未必能理解。这就像我们的身体，得慢慢调养，慢慢体验和实践。

"仁"是人性在精神范畴的健康状态。而"安仁"和"利仁"就是有仁德的表现之一，"安仁"即安居于仁道之中，也就是一个人不受物质的影响，无论贫困或者富有，不会因此而迷失自己对自我人格的养成和开发，安于其中。安仁乃是久受礼乐之熏染，能安于其心境，不受外界及物欲之影响。

"利仁"者当精神处于安仁的状态时，自然知道仁之为利。此利乃是心有所安，故能心有所依，仁之德乃是生命之状态，智乃是仁之德能显发，前章言"择不处仁，焉得知"亦乃仁智一体之见证，所以唯有仁者能处仁，唯有知者能择仁，能择仁所以能利仁，以利仁心之养成，乃至壮大，以至到达仁德之光明境界。

传说姜子牙有一个考验人才的方法，其中有两条，曰："使之以财，以观其廉""告之以难，以观其勇。"意思就是给受考者委以财务方面的重任，看他会不会贪污，会不会堕落，以考察他的廉洁。或者给他委派一项重大的任务，并告诉他其中的困苦艰难，以考察他的智慧和勇气。其实以上两点，无论是廉洁和勇气，最终说明了人品的重要。

【按语】不仁者，历困顿贫乏不择手段以谋其利。历富贵安乐无所畏惧以堕其志。愈麻木不仁，离人之根本愈远。反之，仁者不受困厄、富乐之约束以成其志。故仁者以心安理得为立身做人之根本，此谓明智者之所择所利也。

> 立定仁心作根本
>
> 任尔富乐与困贫
>
> 小人求利远其仁
>
> 君子忧道不忧困

好恶章

【原文】4.3　子曰："唯仁者能好人，能恶人。"

【今译】孔子说："有仁德的人，能真正喜好好人，能真正厌恶恶人。"

【通解】按照儒家的观点看待人性，人性是善的，此为不变之真理，故而孔子说："性相近也，习相远也"，孟子在这一基础上发明，人性本善的思想体系，也只有承认了人性之善，才能继而追求仁道。

普通人不学圣人之言，不重进德修业，流于世俗，既不自觉去恢复本有之善，亦不立志圣贤，虽欲而转，呈现出善恶难立的生命色彩。

以世俗而论；好人之所以好，在于毫无所求、不计较个人得失地去帮助需要帮助的人，所以成了善人、好人。而恶人之所以恶，全在于只顾着自己而不惜损坏他人的利益，因此就变成了人人讨厌的恶人。然而，有时候好人也会做恶事，恶人也会做好事，好和恶，正与邪，不是恒久不变的，有些好人，走着走着就成了恶人。有些恶人，不经意间又变成了好人，之所以好人变坏，原因在于迷失本性。而之所以恶人从善，则是因为良心发现，善恶皆在心之一念间。

人们都喜欢和好人交朋友，不喜欢和恶人打交道。然而，在大众眼里的坏人，可能在某些人的眼里，他就是自己的恩人。世间的善恶标准，在一定的范畴内似乎没有特定的标准和条件。因此就有了在大众眼里是一个坏人，而在某些人眼里却是好人的现象。之所以如此，其实就是"谁对谁好"的问题了。这是按照世俗的眼光而论。若以圣人君子之角度看善恶，其结论又有所不同，圣人君子以天理公心立论，对我好不好，并不是重点，问题的关键在于有无违背天理良心。

武王伐纣，在纣王的立场上，周武王一定是大逆不道的奸臣逆子，但对于长期受到压迫的广大民众来说，武王就是人们的福星。假设一下，如果纣王是爱民的好君主呢？武王伐纣还会被后世所称赞吗？答案一定是不统一的。因为，大多数人只习惯站在自己的立场去衡量好恶，如果站在好人的立场上就是好人，站在坏人的立场上就会是恶人，上帝的归上帝，恺撒的归恺撒，归根结底，还是利益说了算。但孔子认为，以这样的标准去评论好恶是不正确的，"唯仁者能好人，能恶人"。

夫子认为，只有真正有仁德的人才可以在复杂的善恶关系中作出准确地判断和选择，此"仁者"，不会站在好的一边，也不会站在坏的一边，而是站在天理的一边。天理虽然不可及，但我们的心是可以触及的，那就是无愧于天地良心。唯有仁者才愿意去倾听自己的心声，忠于自己的良心。唯不仁者只会重视自己外在的感受，不会顾及自己内心的善能。

此章之前重点讲安仁利人，而后才讲好人恶人。此章虽语浅而意味尤深，好人、恶人，人人皆能为之。以何好之？以何恶之？此中当有一个合理与不合理的界限，不仁者，心有私欲，只说谁对我好，我就对他好，并无道德善恶上的判断标准，唯有利益做天秤，其之所好所恶并非真好真恶。仁者胸怀大义，以天下大道为标准，凡能为大义所行者，皆仁者所好之，凡以私利而害义者，仁者必恶之，此之好恶能真好真恶。

如何才能真好真恶，并非容易之事，若人人能安仁利仁，使仁道兴盛于世，则善人尽得人好，人人趋之，善道光昌。如此自然能知恶人恶行，让恶人尽得人恶，恶行匿迹。

【按语】世间之好恶者，非仁者之好恶。世之好恶者，以对己之好恶而论之。夫唯仁者之好恶必不以违背天理良心而行之、论之。天理者，心安理得者也。若心不能安，焉有公平好善可存焉？故仁者必以理行于道，不仁者以利安于世。

> 东说好来西说恶
> 全凭你是咋对我
> 好恶复杂难抉择
> 天理良知在心窝

志仁章

【原文】4.4　子曰："苟志于仁矣,无恶也。"

【今译】孔子说:"诚心立志成为有仁德的人,没有恶意。"

【通解】"志"字在此章与"存心"一词接近。志于仁,即存心在仁,立志断恶求仁。行进在求取仁德的大道上,一路尽是光明遍照,虽遇阻碍,亦不能被其所挡,故无恶也。若有人虽言存心于仁,仍有恶行者,皆因仁之心不诚,未曾真切。此乃知不深也。所以,于此处可辨力志之坚否。越无恶者,志越坚,心越诚。

本章之言"恶",承接上章之意,存心于仁,行恶之心已经断除,即使有恶念生起,亦能克除。即使遇到恶人,也会以善言相劝,或者施以同情,亦无憎恶之心,故无恶。

仁心并非单纯意义上的善心,仁心里有善心,其博大宽恕之处自与善心不同,宽恕也绝非无原则地忍让和包容,而是换位思考,在全然地接受之后能以德行感化其恶行,使其良能得以发动。

从学者之所恶处亦能辨别"小人儒"与"君子儒",小人儒见恶生恶,以己之善攻伐他人之恶,使恶人趋于恶之极致。君子儒知善知恶,所以为善去恶,求仁得仁。纵遇恶人亦能以善行使其从善,即使不能令其从善,亦能以直相待。

【按语】夫仁者以行善为乐,故不为恶。天理良知始于觉知,此人之本性,本性所失,必因其利所诱。夫诚于仁者,必不存恶心,虽有过错,不至于恶行。故无恶也。无恶者,亦不恶于恶人,存诚劝善,共成仁道。

　　　　　　　　此心本有仁

　　　　　　　　善恶自分明

　　　　　　　　行善仁之本

　　　　　　　　无恶德者根

欲恶章

【原文】4.5 子曰："富与贵,是人之所欲也,不以其道得之不处也。贫与贱是人之所恶也,不以其道得之不去也。君子去仁,恶乎成名?君子无终食之间违仁,造次必于是,颠沛必于是。"

【今译】孔子说:"富与贵是每个人都想得到的,但不以正道获得,是君子就不会安享这样得来的富贵。贫与贱,人人都讨厌,但如果不是以贫贱之行为而贫贱了,君子甘心安于贫贱。君子违背了仁心,就违背了君子的美名。君子对于仁心的爱护是念念都不愿意舍弃的。哪怕一顿饭的工夫都不行,即使瞬间发生事件,困顿流离之际,仍然不忘失仁心。"

【通解】富即财富,贵指权力。人人都想得到富贵,甚至富贵一生,乃至富贵一族,并能传之子孙,延绵万世,凡此种种良好愿望,本身并无对错可言,而问题的关键在于想要的富贵是如何获得的?又该如何去面对?

若是通过正当的渠道,靠着勤劳和智慧而获得了自己想要的生活,这是无可厚非的。倘若自己想要的生活是通过非正当手段,靠着坑蒙拐骗等歪门邪道所获得,那就另当别论了。不同的人格会展示出不同的状态,对于君子来说,他会"得之不处也",处即安住,也就是无法安享如此的富贵,因为难以对得起自己的良心。小人则反之。

贫与贱乃富贵之反面,此两种截然不同的人生境遇并非人力所能得之,《颜渊篇》子夏对司马牛言:"死生有命,富贵在天",贫贱亦如此。君子以道为尊,唯道是从,无心于富贵贫贱之事,即使贫贱降临其身,也能"得之不去也",去即违离,君子不会因此想法去脱离贫贱而得富贵,此处可见君子为仁之志何其坚固,求道之心何其诚恳。若真为了远离贫贱而刻意为之,则不能称为君子。就像颜回,贫困到已经箪食瓢饮了还能乐在其中，这本身就是生命在追求不同价值时所展现的生命状态，此状态不会受到物质、环境、处境的不同而改变，乃是一种全然的自觉行为。

所谓君子，以何鉴别？惟仁而已，好比随意在某个物品上贴上"金子"二字，若本身并无金子的本质，这样的标签也只能是标签，并不具备任何价值。君子之名亦如是，他的本质在仁心，不行仁者，又怎么能称为君子呢？那么君子对仁的态度又是怎样的呢？经文中提出了两种鉴别之法：

其一：君子与仁之样貌，即"无终食之间违仁"。终食即一顿饭的时间，片刻之间，也就是念念之间不离仁心，不违仁德，仁与人本就一体，片刻不相离，人即仁，仁是人，紧密相融。若心有违仁之念，违仁之行，便不能称之为有德的君子。

其二：君子与仁之状态，即"造次必于是，颠沛必于是，"两个"是"指仁，造次乃急促之时，颠沛即困顿之时。也就是君子之仁，无论是在顷刻之间，还是在困顿之际，仁心与君子终不分离，可离非仁也。

【按语】仰慕富贵而不念仁心，故不以其道而得富贵，此凡夫之志也。君子于此则不能，故不处也。贫贱乃人人之所恶，君子重仁心，轻贫贱、富贵，必于此不去仁也。不去仁心，乃念念不去也。非贫贱、富贵、急遽、困苦所能替之。

> 富贵人人爱
> 贫贱家家晦
> 君子念仁在
> 贫贱不能摧

未见章

【原文】4.6 子曰："我未见好仁者，恶不仁者。好仁者，无以尚之。恶不仁者，其为仁矣，不使不仁者加乎其身。有能一日用其力于仁矣乎！我未见力不足者，盖有之矣，我未之见也。"

【今译】孔子说："我没有见过喜好仁德的人和恶憎不仁德的人。喜好仁德的人会觉得仁心的高尚是无法用其他可以替代的，若能憎恶不仁，那人就是有仁心了，他必然不会让不仁的行为在他的身上出现。一天之中一直用力将自己处于仁的工夫当中，我还没有见过力不足的。或许也有吧！但到目前为止，我还从来没有见到过！"

【通解】"好仁者"以行仁德为所好。"恶不仁者"见不仁之人心生厌恶。"好仁者"和"恶不仁者"是否属于同一个人所具备，还是指两个人，需要用心体悟。而具备此两种品质之人，夫子说他也未曾见过。

"好仁者，无以尚之"，尚即通上，加义。好仁者其心好仁，以仁为本，纯正无染，更不会将除此之外的事物存留在心中。无所尚，唯仁尚之。好比有人下定了决心要前往某地，中途即使有其他地方可去，也不会改变行程，心中更不会狐疑，其决心难以动摇。好仁者坚定其志向，心不存二意，只有求仁之心而已。

"恶不仁者，其为仁矣，不使不仁者加乎其身。"厌恶不仁者，能诚心恶之，不与不仁者亲狎，此人亦可称之为仁者，其原因在于不使不仁之事物加于其身，洁身自好。之所以能如此者，全在心能好仁，心向往于仁，故而恶不仁。

好仁与恶不仁，虽境地不同，终究殊途同归，好仁者犹如好学者，见仁必行，心不离仁。恶不仁者，以不仁者为不类，见不仁者必慎之，一片求仁至诚之心尽显。

"有能一日用其力于仁矣乎，我未见力不足者。"一日者即时也，谁能在一时一日之中就能用力去行仁德呢？若用一时力，就有一时功，用一日力，就有一日功。滴水能穿石，仁心在于择心安，譬如一杯污浊的水与一滴纯净的水相比，纯净的水显然是微不足道的，倘若不间断地向这杯污浊的水注入一滴滴的纯净之水，用不了多长时间，污水便能澄清。人之仁德亦复如是，其仁心虽不能持续相存于心，并非力量不够，若肯用功，亦能求仁而得仁。无论何人，亦不分种族层次，仁德离你我并不遥远，只要能有一时一日之仁，总有一天亦能成为好仁者。因为仁心本与人心一体，人人皆有，人人皆能，只是其志不在仁而已，只要想，就能。所以圣人劝我们不要用"力不足"的说辞来给自己找借口，找理由。

"盖有之矣，我未之见也。"盖为疑辞，接上句经文而言，有人用心求仁，仍觉得其力有所不足，不足以得仁者，虽仁心难得，仁道难求，若真有心求之，哪有力不足的道理，"我未之见也"犹"我未见力不足者"，而"我未之见也"一句，宛如利刀，一语斩断来时路，让疑心不能求仁者再也不能回头，只教人勇往直前。夫子诲人不倦，为道以教的圣人之仁于此尽显，让人无比感动，无比赞叹。这是夫子留给每个人的希望，人人皆有求仁之力量，人人皆有恻隐之心，人人皆有向善的良能！只是人们愿不愿意去开发自己的宝藏而已。

【按语】夫子未见好仁者，亦未见恶不仁者。盖圣人叹世道人心尽堕失其道。然仁者恶不仁者，非恶不仁者之人，实乃恶不仁者之行，故恶不仁者也。然仁者反观不仁者，以反为师，修正己心、己行，日日用功，克恶成仁。是故夫子叹曰"未见力不足者"，此力之不足，不容小视，乃圣人言人人皆可成仁之理也。

人人皆成仁

只是心不诚

若能常用功

凡夫亦成圣

观过章

【原文】4.7 子曰："人之过也，各于其党。观过，斯知仁矣。"

【今译】孔子说："人的过失有很多种类，通过所犯的过失，就可以知道有没有仁心了。"

【通解】"过"即过失，过错，每个人都会犯过失，却"各于其党"，党即党朋，也就是说，人的过失，各有其类，诸如老师不能教好学生，是他的过失，倘若他没有种好地，则不能算他的过失。又譬如君子过于厚，小人过于忍，皆非不好学之过。

"观过，斯知仁矣。"过失的正面即功劳，功者人之所欲也，过者人之所恶也。功劳如富贵，过失似贫贱。前者人人爱之，后者人人避之，唯有君子能正确面对自己的过失，并不会因为过失的出现而刻意去回避和掩盖。从对待过失的态度可以看出一个人的品质，唯有具备仁心的君子，才会自觉地直视过失，改过迁善。

"观"字最值得注意，一是观自己之过，以勉励、警策自己。二是观人，学人改过之行，防人隐过之能。如何对待他人之过失，可以体现出一个人的格局和器度，以道德苛求他人，也必然是没有仁心的小人。

【按语】人非圣贤，孰能无过，过不惮改者，唯君子耳，小人则反之。君子何以不惮改过，皆一片真情所在，求仁之心愈诚，闻过改过之心越切。是故观过能知仁，仁者必不惮改过。

> 过失人皆触
> 待己勿推辞
> 责人当仁慈
> 此乃仁之处

闻道章

【原文】4.8 子曰："朝闻道，夕死可矣。"

【今译】孔子说："若人早上闻到道，即便是晚上死了也值得。"

【通解】本章有两字需要作特别说明，一个是"道"字，另一个是"死"字。"道"和"仁"字一样，用文字难以表达清楚。凡是能够用文字可以表达清楚的事情，通常是相对比较简单的。儒家乃是生命之学，讲究真性情，而此种性情存在于精神和思想，若只是单纯的用文字语言去阐述，显然是不够的，得有真工夫、真生命，此便是性命之学，这样至高的学问越是不能用语言表达清楚处，越是需要用生命去体会、去实践，如此才能完全领悟其中所蕴含的真理。也可以说"道"是生命的自觉，是人生之大道。所以，"道"远远比生命本身更为重要。

"死"并不一定就是指生命的终结，也可以理解为生命的另一种状态。有死就有生，有生就有死，每个人终将死去。如果不能得道，闻道，纵有三千岁，在圣人看来，好像也没有什么意义。

有这样的一个故事：在喜马拉雅山脉有一个完全和外界封闭的村庄，他们过着原始生活，由于气候等因素，这个村子里的人活到100多岁是极为普遍的现象。若是想从他们那里打探出什么消息，或者寻找某些问题的答案时，会让人完全失望，因为他们什么都不知道。也许他们是高人，不屑和我们这些俗到透顶的人去交流，所以才会说不知道。倘若他们真的什么都不知道呢？但如果一个人只注重生命的延续而不注重内在的修养和思想境界，这样的状态在夫子看来，似乎没有什么生命质量可言。

而夫子所说的"道"又何止学识和修养呢？若能为求道而生，即使早上闻道，晚上死了都可以，这是圣人对道的诚敬和恳请。为了求道，连死都不怕，若是这样的人都不能得道,天理何在?无论为学为道,还是建功立业,若人能有夫子如此之精神,何愁力不足,路遥远呢?

吾人若能在一日之中,从早上眼睛睁开的时候就立志求道,直到晚上都还没有丝毫停下来的意思。日复一日,年复一年,总能闻道见道。果能如愿,死又何惧哉?

【按语】此足见夫子求道之心切,吾人修学之榜样。此亦乃夫子于一日之中,不懈用功之示现也。从朝求道,若不幸,夕死可矣。如人只求生而不求道,耗费光阴也。

> 夫子诚于道
> 立志即在朝
> 光阴不虚耗
> 早晚必闻道

士志章

【原文】 4.9 子曰："士志于道，而耻恶衣恶食者，未足与议也。"

【今译】 孔子说："一个士人决心立志向道，又觉得自己吃粗粮，穿破衣服是可耻的事情，那么和他谈论关于道的事情就没有什么意义了。"

【通解】 "士"在周朝被列为四民之首，即士、农、工、商。士在古代又代表了读书人，或者是官和民之间的社会阶层。本章的"士"代表有一定学养的人。

夫子为民间传教第一人，当时广聚门徒，布道又传道。道为孔子始终不变的教育宗旨。《论语》所记，虽有子贡、子张曾问士于夫子，但讨论的还是如何以士的身份行道的问题，而非求仕。

世间最大的荣幸莫过于求道，而世界上最为艰难的事情亦莫过于求道。求道的路就好像连接两座山谷的绳索，只有通过它，才能到达对面的山顶，看到最美的风景。想要跨过去，就得一心一意，容不得丝毫马虎，若想在途中搞点别的什么名堂，就很容易前功尽弃。所以，凡是一边想求道，一边又想着得到点别的什么的人，基本失去了求道的条件。

"士志于道"为士者能志于求道，这是难能可贵的，倘若"耻恶衣恶食"也就是觉得自己吃粗粮，穿破衣服可耻的事情，这样的人无法和他谈高深的道，因为他的心思还在物质生活上打转转，即使他嘴上谈道，未必能真行道。

有这样的一则历史典故，话说公元 1642 年（明崇祯十五年），清军攻陷松山城，俘虏了时任明朝蓟辽总督的洪承畴。洪承畴被俘后感于崇祯的知遇之恩，在监牢中蓬头跣足，日夜大骂不已，只求速死。但无论洪承畴如何辱骂，清帝皇太极都不加害，反而多次派遣大臣前往劝降，他希望洪承畴能成为清军入主中原的向导。最终大学士范文程给皇太极带来了好消息，他从洪承畴的一个小动作断定其死志已渐松懈。原来他在狱中劝降时，房梁上恰好有灰尘落在洪承畴身上，洪承畴下意识地将衣服上的灰尘拂去。"承畴对一件旧衣服都如此爱惜，何况他的身家性命呢！"最后，范文程对皇太极如是总结说。皇太极大喜，指示将洪承畴从狱中转移到豪华公馆，同时准备亲自出马劝说。第二天，皇太极来到洪公馆，当时已是初春，但北方的天气仍然寒冷。皇太极解下身上的貂裘大衣，亲自披在怒目相向的洪承畴身上，然后徐徐问候说："先生觉得暖和些了吗？"洪承畴茫然地看着皇太极，良久，叹口气说："真是命世之主啊！"遂跪地磕头请降。求死求生，只在这件衣服上发生了变化。前章言"朝闻道，夕死可矣"，此章则言志道者，若耻恶衣恶食，则不足与其议。洪承畴求忠在先，却因一丝对物质的留恋而动了心，从此成为了千古罪人。由此可知，坚守一份纯粹的道心何其不易，何其难得！

正所谓忧道不忧贫，若是只为吃饭穿衣而放弃求道实在没有什么值得可说的。但是这个观念在现在人看来是消极的，甚至是社会发展的障碍，大家会认为一个人怎么可以不考虑自己的衣食而去求虚无地道呢？换而言之，假如一个职员整天不为工作操心，只惦记着自己的生活琐事，您认为这样的员工合格吗？您会对他满意吗？君子为学，志在于道，如果不去求道，又该求什么呢？即使仕途也不过是行道的媒介而已，若无道心，亦不能成为有所作为的官员。

【按语】士志于道，又耻恶衣恶食者，非诚心于道者也，故而惦记衣食之事。若志于道，又足与议者，当如颜回是也！

> 诚心志于道
>
> 必不记温饱
>
> 一片光明照
>
> 焉能记他好

比义章

【原文】4.10　子曰："君子之于天下也，无适也，无莫也，义之与比。"

【今译】孔子说："君子对待天下的事物，没有一定专主的，也没有一定反对的，要说真有亲近的，志求合宜便从之。"

【通解】君子应该以什么样的态度看待天下之事物？或者说真正具备君子德行的人，他会以什么样的态度看待天下的事物，此便是检验其学问的标准之一。

"无适也"，适读音为（di），即专主之义，不会以任何一个人，任何一件事为专主或者以他（它）为标准，没有盲目的个人崇拜，更不会轻信。

"无莫也"，莫即反对意，不随意反对，不妄加批评。

能做到以上两点，足见其工夫学养之精深。我等凡人却很难做到如此境地，犹如流水中的浮萍，随波而流，完全没有任何根基和主张，今日崇拜明星，明天推崇大师。今天这个主张，明天那个主张，浑浑噩噩中，一生就此别过。也就是说，凡人以个人情感和情绪作为评断事物的标准。

君子则不然，而是"义之与比"，义者合宜也，比者从也。凡是不合宜，不合理之事，即使被说得天花乱坠，也不会轻易从之。始终站在道义的立场看待一切风云变幻，并能做出最合宜的选择。他以道义作为评断事物的标准，此乃君子之德。

宋仁宗时期的包拯因铁面无私、刚正不阿而受人尊崇。他在担任庐州知州时，由于庐州是他的家乡，包公的亲朋故旧多以为可得其庇护，于是干了不少仗势欺人，扰乱官府的不法之事。包拯决心大义灭亲，以示警戒。时恰有一从舅犯法，包拯不以近亲为忌，在公堂上将其依法责挞，自此以后，亲旧皆屏息收敛，再不敢胡作非为。

【按语】君子之行必以道义从之，凡事皆以公正处求义理。故不为亲而亲，不为疏而疏，惟以义而亲之、行之。

君子行以义

公平焉可替

好者无所忌

疏者必有欺

怀德章

【原文】4.11　子曰："君子怀德，小人怀土，君子怀刑，小人怀惠。"

【今译】孔子说："君子安于进德修业，小人安于田土乡情。君子安于法典制度，自正正人。小人安于恩惠私情，徇私枉法。"

【通解】怀即思念义。德，指德性。刑，刑法。君子以德行修养为最高追求，一日当中念念不忘德业，自觉向内探求，如曾子所说："吾日三省吾身"，以检查自己在德行方面有无损减缺失。

此章，专门谈论了"君子"和"小人"之间在理想追求上的区别。

土乃乡土，惠乃恩惠。小人惦记着个人利益，最关心自己的田产土地有无增减、四处占点小恩小惠。其目光短浅，胸无大志。涉及到德行修养的工夫则是少之又少，在普通大众看来，做君子实在是太累了，凭什么要舍弃小家为大家？凭什么放着便宜不占谈道德呢？但如果每个人都想着自己的小利益，那么，这个社会又将会变成什么样子呢？儒家教人志在君子，以自身之清正影响他人，成为德风的中坚力量，服务社会，主动承担起复兴文化的重要责任。所谓"小人"并不一定就是十恶不赦的坏人，更不是骂人的话，只是做人的境界不同而已。

读此章可知"君子"和"小人"之间的差距在于君子向内求，以德为尊，所以才有"怀德"、"怀刑"之辞。小人以物为本，从不思考自身的道德问题，所以只有"怀土"、"怀惠"之说。

【按语】君子心怀以德，小人心怀以利。君子心怀于法度，小人心怀于恩惠。德者人之根也，君子必护其根而德风泽于天下。利者小人之思也，必以其利，而成其惠。

兰馨竹房深

时有细雨纷

蝶恋万花丛

莫非耕耘人

放利章

【原文】4.12 子曰:"放于利而行,多怨。"

【今译】孔子说:"只追求私利,会生出很多的怨愤。"

【通解】此章经文所言,并无特定之范畴,比如说君子怎么样,小人怎么样,或者在位者如何,在学之君子又该如何。也可以说,此章含蕴一切,其义弘大,无论在位与否,皆当以德为重,不可招人之怨。

放,依仿之意,凡事只依着个人的私欲而行,只算计利害得失。怨,指心对而外言。

据《史记》记载,公元前 262 年,秦国派大将白起攻打韩国。秦军最先占领了韩国的野王,这里是韩国的上党和内地之间的战略要道。野王被占,上党孤立,郡守冯亭为诱使赵国参与到这场战争,以达到保护韩国的目的,于是,特别派人将上党的地图献给了赵国的孝成王。赵国大臣认为韩国突然献地,其中必然有阴谋,所以劝谏国君不要接受。但孝成王认为这样不费吹灰之力就得到了一块土地,没有什么不好,于是接受了上党。这件事情彻底激怒了秦国,并率大军攻陷了赵国全境。通过这个历史典故,更加说明了为官从政当有长远之心,不可太看重眼前的一点利益,不然对自身不利,更与社会利益相违背,最终让自己走向灭亡,这样的事例实在太多了。

就本章于个人修学而言,如果能细细参究,也必能有所启迪。"求仁而得仁,又何怨"和"放利多怨"亦有相同之处。只不过一个是求仁,所以无怨。一个是放利,所以多怨,皆为情绪变化之一种。人若一味地只追求私利,必然会让他人生出许多的困扰、烦恼、埋怨,乃至于怨恨。

从前有一个富翁整天忧心忡忡,他的内人就特别埋怨他,一天夜里对他说:

"我们现在日子这么好，你还有什么不高兴的呢？整天吊着脸让人觉得很不舒服。看我们隔壁的邻居，日子虽穷，两口子欢声笑语，过得比我们快乐多了。"富翁听后，二话不说，取出一锭银子扔到穷邻居家的院子，第二天，穷夫妻看到从天上掉下来的银子，心里乐开了花，两个人随即跑到房间商量支配这笔财富，由此产生了分歧。从此夫妻俩开始吵吵闹闹，再也回不到从前的快乐时光。

读此章可知为人者当时时刻刻提醒自己，克服私利，多为大众谋福利，必得其乐。

【按语】为政以谋私利，必有下者效之，积少成多，故有民怨兴起。敌己利众，圣贤君子者也，能立万世。利己取人，政之弊，民怨四起。

> 唯利是图多生怨
> 不见人间艳阳天
> 富而好礼众人欢
> 贫而无谄天地间

礼让章

【原文】4.13　子曰:"能以礼让为国乎,何有?不能以礼让为国,如礼何?"

【今译】孔子说:"能以礼让治理国家,还有什么克服不了的呢?不能以礼让治理国家,乱世将至,礼到哪里去了呢?"

【通解】礼是相互的,先有内在的平和,才有外在的恭敬。又由敬而和,故必有让。让为礼之本质,上位者以让为礼而民不争,整个社会会呈现出一派和谐融洽的良好风尚。君子以让为礼而德有进,上下以让为礼而成一心,必能遇难成祥,逢凶化吉。如此之理,于个人、家庭、社会乃兴旺之象也。

相反,若礼而不让者,其礼乃虚,诚心不足,人与人之间不能以敬相交。人人皆以私利为尚,君臣上下之间就会以欺相待,逐渐出现争名夺利的恶性循环。表面虽有礼的形式,但离礼的本质已经相差甚远,徒有虚名。

说到礼让治理国家,最典型的例子当属东汉的开国之君刘秀,刘秀最初跟随他大哥刘演造反,军队装备相当差,战马更是少得可怜,官兵之间争夺马匹和武器的事情时有发生。然而,刘秀与他人大为不同,不仅将自己俘获的战利品分给下属,连他的战马也让给了别人,自己却骑着一头老黄牛作战。从此,起义队伍里再也没有发生过相互争夺的事情。后来刘秀当了皇帝,以高爵厚禄解除了一些功臣的实权,使得政治人才受到重用。但对之前所建立功勋的老臣们仍然念念不忘,经常去走访慰问,君臣之间一派和谐。刘秀的大度谦和形成了巨大的亲和力和感召力,一些曾经与他为敌的人,也能心悦诚服地为他所用,投身到建设国家的事业中。刘秀是历史上唯一一个没有杀害开国元勋的皇帝。华夏民族必被称为"汉",有一半的功劳来自于刘秀所创立的东汉。

然而,刘秀如果不具备礼让的处事态度,恐怕无法赢得人才的追随,更不可能建功立业，造福百姓。

【**按语**】夫子之言，能以礼让治理国者，当如尧舜礼让天下，焉有何所争也？不能礼让者，当如桀纣，德将不存，国必亡之。为人者若不能以让为礼，则无友可交，孤寡难行。夫子教人，一言有礼，一言无礼，皆教吾人能深切反思，以求明礼行让。此君子之为也。

花到竞艳时

败落悄然至

人能礼让知

福运天将赐

无位章

【原文】4.14 子曰："不患无位，患所以立。不患莫己知，求为可知也。"

【今译】孔子说："不要忧患没有职位，要忧患自己有没有立得住脚的建树。不要忧患没有人知道我，而要追求我有什么值得让别人知道的。"

【通解】"患"可以理解为"忧患"，也可以解释为"忧愁"。人生在世，总有些许忧患和忧愁，只是大小不同而已。大者如孟子所言之"生于忧患，死于安乐"。小者如普通人，一心只在柴米油盐酱醋茶。人所忧患和忧愁的事情，能反射出他的修养和德操，亦决定了他的出路和未来。

为官者，如果只忧患官位的高低，而不忧患自己的建树，就会沦落为庸官，受万夫所指。纪晓岚先生在《阅微草堂笔记》里讲述了一则故事：从前有一位庸官，自当官以来，从不履职尽责，凡是能推则推，能等则等，此人运气也比较好，为官时，幸好没有发生过什么大的事情，所以平安一生，并且还步步高升，他在离任时非常骄傲地对身边人说："我这一生做官，没有错办过任何一件事情，从来没有冤枉过任何一个人，这是我能从政的法宝，今天就传授给你们。"事后有人听说了这件事情，就评价道："将木偶摆在朝堂之上，也能如此。"

的确，如果只想着自己的官位，不考虑何以安身立命，与木偶又有什么区别呢？大舜因为具有仁德，尽管只是耕耘的农人，却在田野中被尧帝启用。姜太公虽然只是不善垂钓的渔夫，却因德才兼备而在渭水边受到了武王的迎请。真正有才华的人，就像是藏于装满稻谷的麻袋里的一把锥子，总有一天会从麻袋里面露出来。

所以不用担忧没有人知道你，与其担心未来，不如安心做好当下，活在当下，努力提高自己的综合实力，"求为可知也"。一心追求我有什么值得让别人知道的，机会总是为有准备的人而准备的，只要自己肯学习，以德为尊，能用功，愿意干事情，就总有机会受到重用，就有机会被人知道。

人生值得忧患的四大事情；

一、子孙不患少，而患不才。在过去的农业时代，家家户户需要大量的人手帮忙下田，因此莫不希望家中人丁旺盛，而有所谓"多子多孙多福气"之说。其实子孙多，如果不能好好教育，长大后不能成器，不如少生几个，好好培育，让他们才德健全，不但光耀门楣，也不致危害社会，所以子孙不患少，而患不才。

二、产业不患贫，而患难守。俗谚说："富贵不过三代"，这是因为许多富有的人家，祖先辛苦创业，遗留给子孙丰富的财产，后代子孙因为不曾吃苦，不能体会财物之来之不易，于是胡乱挥霍，结果三代积聚，一代花光，此即所谓"创业维艰，守成更难"。所以对于家财事业不怕少，怕只有了一点产业，不肖子孙不能守成。因此，留给子孙万贯家财，不如让他一技在身。

三、家道不患衰，而患无志。世间无常，凡事不可能一成不变，所以世道兴衰，有起有落，本是自然循环。有的人家道中落，但是子孙争气，很快就能再度振兴。有的人事业兴隆，却养了一群纨绔子弟，难保有一天不被败光。所以家道时兴时衰，不足为患，怕的就是子孙没有志气，不能振兴家业，不能光宗耀祖，那就是家门不幸了。

四、交友不患寡，而患从邪。俗语说："严师不如益友"，人从小就要亲近师友，学习礼仪。什么才是值得结交的好朋友呢？圣人曰："友直、友谅、友多闻"。朋友要知识广博，为人耿直，相互体谅、相互规过。好的朋友不必多，只要能得一二知己，就不负平生了。怕的是朋友很多，却都是邪友、佞友、损友，日久则"近墨者黑"，难保不被带坏。所以朋友不怕少，只怕交到邪友，导致身败名裂，不可不慎乎。

【按语】患有所重，乃谓真患，亦能患有所得。昔大舜、姜太公，只患仁德，终必重用。夫子告诫吾等，为官当患所立。为学当患求己知。夫官之大小，人之被人知，全不在我，若在此上患，患不得尝，向外求者是也。唯患所立，患求己知，乃向内所患，全尽在吾。盖大丈夫当患之也！

　　　　　　患之所处品自成
　　　　　　贵者尽患言立行
　　　　　　庸人只求利和名
　　　　　　唯有仁者善思仁

一贯章

【原文】4.15 子曰:"参乎! 吾道一以贯之。"曾子曰:"唯。"子出, 门人问曰: "何谓也?"曾子曰:"夫子之道, 忠恕而已矣。"

【今译】孔子说:"参啊! 我道以一而贯穿始终。"曾子说:"是的。"待夫子离开后, 其他的同学不明白其中的意思, 就问曾子:"老师的话是什么意思呀?"曾子说:"夫子教化人, 以'忠恕'两字而已。"

【通解】这是一出情景剧, 对于剧情的核心问题, 千百年来讨论得最多, 争论亦不休。有说夫子和曾子之间的这段对话描述的是孔子传道给曾子的证据。但是, 自颜回去世以后, 夫子便说:"今也则亡。"由此可以看出, 颜回才是孔门的正道传人, 自此以后, 夫子再也没有在公众场合如此说过第二个人了。

夫子去世时, 曾子只有 29 岁, 这段对话发生于正值曾子年壮时, 然而, 曾子一生笃实勤学, 学用相长, 虽不曾得到老师的认证, 但深谙夫子之道。夫子有教无类, 对曾子的性情和学养程度了然于心, 所以才特别对曾子说:"我道以一贯穿始终。"然而, 等老师离开后, 其他在现场的同学和我们一样, 并不知道其中的深意, 所以才问曾子。假如, 当时我们也在现场的话, 又会作如何想、如何行呢? 假如曾子当时对夫子不要说"唯", 而是说"何谓也"呢? 这样的话, 夫子是否会说出别的答案呢? 既然曾子说"唯", 夫子确定眼前的曾子就能明白他的意思吗?

曾子告诉大家:"夫子之道, '忠恕'两个字而已。"夫子既然说我道是一, 但曾子为何又说出两个字呢?

其实"忠恕"本来就是一体, 只是一般人不明白而已。忠者, 尽己之心, 《大学》说:"勿自欺也", 不自欺就是忠。实质上, 普通人最容易自欺, 明明知道那是假的, 却仍旧愿意一厢情愿地相信那是真的, 纵然浑身都是破绽, 在我们的眼里却是天衣无缝。即使是唇亡齿寒，我们依然觉得那样的故事只会发生在别人的身上，自己是最幸运的。自欺时，我们总会忘记前车之鉴。能做到"忠"，确实是很难，如何是尽忠，前章已经有所交代，即"无适也，无莫也，义之与比"。做到了"忠"，才可以推己及人地对他人行"恕"之道。"忠"是对己的，"恕"是对人的。先有忠才有"恕"。若无忠，便无恕可言，忠恕实乃修仁之门户，不入门户，难以见道。由是而论，忠恕与仁，如针引线，不可分离。若从线而论，忠恕与仁为一体。如果再从中细分，则先有忠，再有恕，尔后有仁。以初学者而论，只可言忠恕，才能知仁，若只言仁而不言忠恕，犹如万军之中夺宝，难以入手。此章曾子所说，揭露了为学之道的根本，吾人当在"忠恕"上用功，以企上达仁道。

【**按语**】夫子问于曾子，曾子又答于同学。曾子所答，亦夫子之所答也。忠者，勿自欺也。恕者，勿欺人也。此忠恕之开端，盖忠恕本一体，无忠即无恕。

> 忠恕之道本一体
> 诚意在前不自欺
> 推己及人德自立
> 万法归一皆此理

喻义章

【原文】 4.16 子曰："君子喻于义，小人喻于利。"

【今译】 孔子说："君子只在义上明白，小人只在利上明白。"

【通解】 "利"和"义"似乎是水火不容的两件事情，但仔细研究，其实就是一件事情，都是在求一个"利"字，只是"利"的大小不同而已。君子之利，是为天下苍生，为他人求利，全然不为自己，故而为"义"，《易经》说："利涉大川"。小人见到哪怕一点点的好处，都会想到自己，完全不顾别人，他所见到的利只是利于自己。

"义"就是为他人，"利"就是为自己。认识不同，体会不同，看到的、想到的自然也不同，只因在看待问题的方式和方法上出现了问题。小人的认识一旦转变过来，亦可以成君子。

此章所言，可谓揭露了人性之特点，作为君子，若要利民，就必然要教化小人。而教化小人，最好的办法就是用利益来引导。用利益循循以善诱，使其慢慢地转换认知。而要在最短的时间内赢得人心，最有效的方法就是首先要解决人的温饱和自由问题，此两者为普通大众的普遍利益，因为温饱关乎生命，自由关乎精神和思想。而无论多么伟大的主张，或许能掳获人心，但是一旦主张失去最初的激情，利益便是首先考虑的要素。一个优秀的领导人要能够把"公心"留给自己，为大家确立共同的价值追求，为大家谋利益，以己之德而带动社会之德，圣人云："君子之德风，小人之德草"。

清末重臣曾国藩曾经认为天下的士人都如他一样，因此，很少谈及利益，然后，当看到胜利的曙光就要到来是，身边的人才却渐渐流失。这个时候，他的谋臣赵烈文给曾国藩写了一篇报告，在报告里，赵烈文说出了曾国藩后来常提到的名言："合众人之私，以成一人之公。"赵烈文对曾国藩说："曾大帅，您爱贤好士，天下皆知，现在，幕府中的幕僚相继离开，让您很迷惑、很不解，您有没有想过，他们之所以离开，到底是因为他们辜负您呢，还是您辜负他们呢？"

赵烈文又说，方今天下大乱，有识之士聚集到身边来，固然要成就一番事业，但还有更为现实的需求。谁不是要先能生存，才能谈精神？您是大帅，当然不"汲汲名利"，可是，手下这帮人，他们还要养家糊口，还要谋个人前程，完全是自然而然的事情。武汉是您带兵打下来的，皇帝大加赏赐，还封了您做湖北巡抚，手下这些将士，文官谋士，哪个不是劳苦功高，当然，您也不是没赏大家。问题是，这么大的战役，您总共保荐了不到三百人。胡林翼大人后来抢回武汉，战役比您当时小，胡大人却足足向朝廷保举、提拔了三千多人。这一下，大家都看出来了，在曾老师您这儿，有理想，有君子，但没前程，没前途；到胡大人那儿，有理想，有君子，有前程，有前途。谁还愿意待在您这儿啊？

曾国藩读完赵烈文的这篇报告后，一声长叹，从此幡然醒悟，一改往日作风。后来，曾国藩的幕府人数远超胡林翼，成为当时天下闻名的"神州第一幕府"。

这就是我们要说的领导力法则：合众人之私，以成一人之公。想要成为有德的君子，就要懂得把为公之心留给自己，把私利让给他人。

以成小人之私，成众人之公，小人也有可能成为君子，所以不要舍弃任何一个有可能成为君子的小人。故曰：不舍弃不放弃是也！

【按语】君子谋众人之利，小人谋一己之私，君子之利谋在众，全不顾己。小人之私全在谋己，不顾众人之私。此谓成众利者为其义，成己之私者成其私。义私全在己心，吾人当自省。

> 义为成众利
> 私者成其义
> 小人私能替
> 君子德所继

思齐章

【原文】4.17　子曰："见贤思齐焉，见不贤而内自省也。"

【今译】孔子说："见到贤良的人要生起向贤者学习的心，见到不好的行为，应当提醒自己，不可犯下与他相同的错误。"

【通解】此章为好学者所言，以他人之贤，修己之贤，以他人之善，修己之德。贤友乃修己进德的镜子，这面镜子随时为愿意自我修正者准备，人人都可以找到这面镜子，人人都能拥有这面镜子，就看你愿不愿意用。

齐乃平等义。思齐者即与之平，愿己亦有此贤。内自省者，每遇不贤，能自觉反省，唯恐自己亦有此不贤之举。学者在日用中遇到好人好事、好习惯、好作风，于心中生起向往之意，渴求自己亦能拥有与之相同的良能贤德。并能诚心以此为榜样，模仿、改迁、升华。遇到不好的行为和嗜好时，心中立即提起警觉，生怕自己有所沾染而退失道心，以免犯下与之类似的过失和错误。所以夫子说："三人行必有我师。"善者为师，其不善者亦能起到警醒自己的作用。

做人千万不可遇到他人做好事、见到比自己优秀的人就嫉妒排斥，嫉贤妒能德之弃也，此为小人之恶。譬如战国时的庞涓，看到比自己优秀的孙膑就千方百计地陷害，生怕他抢了自己的饭碗，这种心态其实是对自己没有信心、不愿意向别人学习、心胸狭隘的表现。有德之人见到贤者，不但思齐，还会助其一臂之力，让优秀的人才更加卓越，让有德才者拥有更大的发展空间，更好地服务社会和国家。

【按语】见贤不思齐，见不贤而不屑一顾，是为自欺。若能见贤者而心悦诚服，心生欢喜，此向贤之初端也。若见不贤而深刻警惕，当为向贤之心也。

小人见贤而不肖

君子于良得欢喜

见不贤者当深省

是则名为真向贤

几谏章

【原文】4.18 子曰:"事父母,几谏,见志不从,又敬不违,劳而不怨。"

【今译】孔子说:"孝敬父母时,如果发现父母有过错,就要想一些善巧的方法劝说,即使屡次进行都无法说服。为人子女依然要等待机会继续劝说,即使这样反复地受苦受累,对父母还是要恭敬对待,不能生出怨恨,埋怨的心。"

【通解】现在教育孩子难,孝敬父母更难难,比如婚恋问题,偏袒子孙的问题,事业问题,包括他们的健康问题,以及父母选择健康产品的问题等等。这些事情如果处理不好,不但会制造家庭矛盾,而且还会给父母晚年的生活带来阴影。如何化解和避免矛盾的产生,是一个值得研究的问题。为防父母之过毁坏其仁德名誉,子女屡次规劝而无效果,以至于不惜和父母斗智斗勇,甚至反目成仇。夫子诲人不倦,在此章经文给我们开出了一剂良方。

这样的问题,可能早在两千多年前就出现了,不然孔老夫子怎么也会把这个问题专门提出来呢?这就说明父子之间意见相左,甚至发生矛盾的事情自古就有,父母不是神仙,也会犯错,至于怎样劝说最有效,夫子并没有直接告诉答案,但他老人家给出了方向和原则。

其一:态度上要端正。"几谏"者,几即微义。谏即规劝义。父母有过,作为子女只能以微言讽劝,低声下气、怡色柔声的劝谏。

其二:思想上要恭敬。即"见志不从,又敬不违",志即自己的想法,当父母对自己的意见有所抵触,甚至持不同意见时,即为不从,这个时候仍然要起敬起孝,以不违逆父母的想法,不违逆父子之深情。待父母心平气和时,再寻找适当的时机继续劝谏。或巧妙地劝说,或动之以情,但要戒除简单粗暴。毕竟是自己的父母,有话要好好说。常言道:"知子莫若父。"反过来,每个子女对自己父母的喜好也应该有所了解。若能以孝用心，说服他们改变一些不太合适的想法和做法，应该没有多大问题。即使父母不听劝，也要设法补救。不可狠心地眼睁睁看着父母犯过，该坚持的立场还是要坚持，只要总结劝谏时的经验教训，继续行动，总会有办法。

其三：为父母、无怨无悔。也就是"劳而不怨"，劳即忧心之意。忧心过甚，用志过重，又无收效，极容易生怨恨。常言云："恨铁不成钢"，这句虽是上对下而言，亦能见性情变化之理，上对下为心，下对上亦是一片真心，当此心未能如愿时，其心转而为怨，故曰"恨"。若能将此心化而为诚，其恨其怨必不能生。为了父母不犯错，即使付出再多也不后悔，不怨恨。父母年龄大了，背也驼了，腰也弯了，想法变得固执了，还只认死理。想想我们小的时候，看到喜欢吃的，喜欢玩的，比他们现在还淘气，还固执。各种撒泼、哭闹、驴打滚，不达目的誓不罢休。那个时候，我们那么惹人烦，但父母从未放弃过对我们的爱，今日之时，又怎能为了这些事情而怨父母呢？

此章数语，乃劝谏父母之原则，"事父母"者，父母之过微也，故而以几谏。父母不从，子不能违。为其忧劳而不怨，此乃孝也。

读此章可知天下没有完美的父母，只有不孝的子女。所以，为人子，应当时刻以感恩之心对待父母，不要太计较自己为此付出了多少，只求父母能安康就问心无愧了。

【按语】劝谏父母，若心过急，恐于事无补，夫子通达人之本性，故而特曰"几谏"者，乃善巧和悦之谏，乃伺机待双亲心悦时再谏。谏之不从，我亦不怨。纵有劳忧亦不生怨恨、无弃舍，孝敬之心无从减缺，乃真谏、真孝也。

> 人皆非圣贤
>
> 父母或亦偏
>
> 吾当伺时谏
>
> 劳而从不怨

远游章

【原文】4.19　子曰："父母在，不远游，游必有方。"

【今译】子曰："父母上了年纪，子女尽可能不要去太远的地方，即使远行也要告知方向。"

【通解】远游指游学、远行。要去远方工作，或者学习，需要一段较长的时间才能回来。因为顾及父母的生活及其他保障，心不能舍，不愿远行。实在又因公务或者其他紧急的情况，不得不远行时，要"游必有方"，方即方位、方向。要告知父母自己将去何处，万一有紧急事务，也能联系得上。当时交通、通讯十分不便，故有此说。今天虽通讯、交通等十分便捷，也要保持通讯畅通，时常和父母保持联络。

无论财富多么雄厚，权力多么至高无上，都无法和父母的安康相提并论。父母在世的时候，我们总能找到回家的路，总能感受到世界上最温暖的爱。父母在时，还能感觉到自己只是个没有长大的孩子，还能时刻感受到最踏实的相伴，有父母在就是最大的幸福。

现在的社会结构慢慢地变了，由古时候的同族群居到如今的洒满各地，父母和子女，兄弟和姐妹天各一方。很多人为了生活而长年与父母分离，即使在同一座城市也很少与父母同住，只在重大节日才有可能合家聚在一起，真不敢想象如果没有春节等假日，我们的一生中还能与自己的亲人相聚多少次？

夫子云："父母在不远游"，但他老人家万万没有想到当下的父母为了让子女成才费尽了心血，到头来却把自己的希望送到了远方，只剩下自己孤身站在村口向远处张望，他们是多么期待自己的子女可以回来呀！为了能让儿女幸福，她甘愿将自己一步步变成了"空巢老人"。这就是当下望子成龙的代价，有点可悲。

有时候觉得这个世界很奇妙，一些人视父母如珍宝，当成至爱，用心呵护，不忍离开半步，不忍心让父母哪怕受一点点的委屈。而又有一些人却把父母当成了累赘，能抛多远就抛多远，且不说良心如何，他们也不怕自己的子女将来是否也会这样对他们。

【按语】父母健在，人子之大幸，如此方能报养育之恩，以尽人伦。故能不远游者，切莫远游，即使远游者，亦当告知方位，父母有事，召之必知处所。此有方者，乃是孝心之感通，念念不舍之情自然流露，令人动容。

> 游子去远方
> 父母思难量
> 空巢味难尝
> 莫让亲心伤

无改章

【原文】4.20 子曰："三年无改于父之道，可谓孝矣。"

【通解】此章句曾在《学而篇》出现过，当时是夫子谈观人之法，此章重出，说明两点：

一、与此章的前几章都在谈如何在生活中尽孝的事情，这章重新出现，体现了父母去世之后继续行孝道的方法及坚持正道的重要性，尽孝莫过于行正道。

二、说明在整理《论语》的过程中，有弟子记得夫子生前曾在谈及"仁"时，曾反复提及此事，《春秋繁露篇》有云："书之重，辞之复，必有美者焉。"此言不无道理。

喜惧章

【原文】 4.21 子曰："父母之年，不可不知也。一则以喜，一则以惧。"

【今译】 孔子说："父母的年龄要时时记在心上，若身体好则喜，若多病则心生惧怕。"

【通解】 知即识，常记在心中。喜者喜其寿。惧者惧怕父母来日无多。喜惧同时并举，一齐涌上心头，无有先后。喜和惧，乃是真实的心理反应和感受，这种感受是自觉且主动的。在知上尽行，若人不知恩，乃至于不知孝的深意，内心是无法做到喜和惧的。此章要说明三点。

一、真孝的心境。子女的喜和惧，全因父母的身体状态而决定。这是一种体验之后的真切表达，而非要求或强迫，若如此，则很容易让人变成一个伪孝的人。

二、孝心的自我检验。无视父母的年龄，无视父母的处境、状态，乃至于根本就没有把父母放在心上，是万万不会生出喜、惧之心的。

三、尽孝的初心。行孝既是天理，也是良知的发端，为人子女，本来就应该努力地去践行，可是圣人围绕这件人人本应该无条件做好的事情不断反复地讲，说明我们并没有做好。如何才能做好呢？当然是用心，用心去感受父母年迈之后的孤独，以及生活所带来的种种不便。将此等景象真正装进心里，记在心里。必然会生出喜惧之心，有心之后，以诚意而行，如此才达到知行合一，表里如一。

看似漫长的人生，不过一张 A4 纸就能演绎完毕；按照人生只有 75 岁来计算，一生也就 900 个月，在 A4 纸上画一个 30 乘以 30 的表格，每一个格子代表人生中的一个月，每过一个月将格子涂色，生命剩余的时间就会显示出来。假如父母今年 50 岁，按我们每天可以陪在父母身边算，还有 320 个月，如果每个月陪一次，那就只有 320 次，如果每年和父母见一次面，就只有 26 次。这样算下来，其实我们能陪父母的时间并不多，应该自己检讨一下了。树欲静而风不止，子欲养而亲不待，所喜所惧，安在否？

【**按语**】当知父母之年龄渐渐老去，心态身体逐渐下降，若不用心尽孝，恐生遗憾。真孝者喜忧俱全。不孝者恐父母之年亦忘矣！

万里白云一瞬间

新绿将至复又反

怀中幼子到中年

当报双亲喜惧还

耻躬章

【原文】 4.22 子曰："古者言之不出,耻躬之不逮也。"

【今译】孔子说："古人不轻易出言,就是怕做不到而深感耻辱。"

【通解】言之不出就是不轻出,慎言的意思。谚语说："开口神气散,舌动是非生"讲的就是开口说话的重要性。人的自我行为里,最难管的莫过于开口说话,而说话的过程中,最容易犯的毛病当是自赞毁他;自赞者破坏自己的形象,自己做不到的事情,偏偏喜欢夸大其词地到处宣说,句句有理,信誓旦旦,但说过的话又从来没有兑现过,最后被朋友贴上了"满嘴跑火车"的标签,于己于人都没有好处,古人之所以守口如瓶,言之不出,就是怕做不到,不愿因失信而伤人。

毁他者伤人心。作为一个旁观者,我们永远无法知道事情的真相,无论别人的行为有多么的不妥当,都必定有其中的原因,应给予宽容,又何必要五十步笑百步呢? 况且只有真正做事的人才会犯错,无事可干的人,永远不会犯错,当看到别人的不足,若能自省,于己于人,皆有益处,读此章,可知儒家为己之学的精神。

有这样的一则寓言故事:话说有一个学生总喜欢吹牛,有一天,老师问他:"自夸是什么意思呢?"这个学生毫不犹豫地说:"夸,就是自吹,爱说大话的意思。"老师又问他:"那夸字怎么写呢?"学生随即拿起毛笔,在纸上写了起来,不一会,一个大大的"夸"字跃然纸上,老师指着学生写好的字说:"你看,'夸'字的上面是一个'大'字,下面是一个'亏'字,也就是说,一个爱自夸自吹,爱说大话的人,最终是要吃大亏的。"这个学生听完老师的话,似乎有些不服气,故意说:"老师,您这只是从字形上来解释,难免牵强,自夸的人为什么会吃大亏呢?"老师温和地说:"自夸的人,必定是在用他的自夸来掩饰他的无知无能,而无知无能的人不在行为上去改变自己，只用自夸去掩饰，那么他只能永远地无知下去，不可能有进步的机会，这难道不是吃亏吗。"从此以后，这个学生就彻底改变了爱吹牛、喜欢到处乱说话的坏毛病，成为了谦虚好学的好学生。

【按语】知事难成，尔后知言之不可轻出也。出言切忌自赞毁他，自赞必失信，无信而不立。毁人必伤人，非当事者，不能全知，况外人乎？他人行之不妥，必有其难，事非己为，不知难，故不可毁他。

言出必能行

行之亦可成

古人知此情

故而言语慎

以约章

【原文】4.23　子曰："以约失之者鲜矣。"

【今译】孔子说："以约束自我而有过失的人，是很少见的。"

【通解】约即检束义，内外不放纵。凡谨言慎行者，皆为约的范围，处财用为俭约，从事学问之事业为守约。君子以进德修业为重，而进德修业以自我之约束为必要条件。能自我约束是人之美德，亦乃知行合一的具体表现。他从不会因为自己所拥有的多而锋芒毕露，伤及他人。更不会因为自满而飞扬跋扈，犯下过失。也只有谦虚而不自满的人才能始终保持对自我的约束，一如那田野里成熟的稻谷，永远低垂着。犹如那雨后的春风，给人清新和淡雅。

有位哲人曾说："与人相处，不要炫耀自己，以显示自己的才华，否则，嫉妒、诽谤和障碍全来了。"你光芒四射，而使别人显得暗淡，只会让别人受伤，也会给自己惹来质疑。懂得收敛自己的光芒，可以避祸，使前进的路上少一些坎坷，多一些朋友。

圣贤教我们学习仁义道德，非是教我们把仁义道德当成尚方宝剑，更不是指责他人的工具。而是用来约束自己的，一切向内看，一切以德为尊，在一点一滴，一言一行中观察自己的内在世界，向着谦虚、恭敬、宽容前行。

【按语】约心约行，可以免过失。夫天下之过皆因狂妄无知而生，天下之善皆因内敛谦和而成。故以圣贤为师，可以成人矣！

谦德可生约

唯见自身过

约己德行成

践履圣贤学

讷言章

【原文】4.24 子曰："君子欲讷于言而敏于行。"

【今译】孔子说："君子的心力不在语言的表达而是专注于行为上的实践。"

【通解】讷即迟钝义。敏者勤捷。敏讷虽属天资，亦由后天习气所成。敏于行者，即敏行于圣人之言，圣人之道。

作为普通人，大多数都是敏于言，而讷于行的。说话多过做事，通过语言可以将世间所有的道理说得天花乱坠，甚至可以把文字组合成最华丽的篇章去取悦别人，但由于缺乏实践，总觉得有些空洞。人生立于世，确实存在很多的矛盾，若缺少语言和文字的表达，所做的一切很难得到别人的理解或认同。说得太多，又有巧言令色，邀功请赏之嫌。由此可见，少言难，多行更难。

所谓做多错多，做得越多，错得越多，凡是有人的地方，总有一些站着说话不腰疼的人，在人前人后指指点点，说三道四，有时候真有忍无可忍的冲动。也总有一些任劳任怨的人在默默无闻地奉献着自己的汗水和智慧。有言曰："天道酬勤"，无论是多言少行，还是多行少言，唯有勤敏于行者近于道。

君子之少言多行，又与上述所说有很大的区别，因内心求于道，所以不在乎世俗之荣辱。君子只会严格地要求自己，管好自己，用行动去影响别人，至于别人说什么，做什么，他都能给予宽容和理解。若非要说君子有所求的者，在求仁求道而已矣。

如果说实践是检验真理的唯一标准，那么在语言上的激辩或者叙述就显得有些舍近求远了。正如我们今天来学习《论语》，只限于对文字的描述和研究，而缺乏"朝闻道，夕可死矣"和"吾日三省吾身"的实践精神，于学习来说也只是劳多获少。

【按语】小人谓言少难，行多难。君子讷言而行难行之行。欲与君子齐而少言多行者，当立志于道，必能成君子之德也。

> 寡言多行真丈夫
> 躬行大道心有悟
> 言多行少不上路
> 说尽真理皆是浮

有邻章

【原文】4.25 子曰："德不孤，必有邻。"

【今译】孔子说："德行兼备的人是不会孤立无援的，必有与之相应的人成为邻居。"

【通解】德者立人之本，亦乃立身之本。无论身处何时何地，在向学为善的道路上并不会孤单，更不会孤立无援。当身心皆具德养之时，必有志同道合者与之为伍，只是多寡而已。夫子时，天下黯淡无光，也有七十二子追随于左右，立志为仁。若值清明之世，恐怕不止这个数字。所以夫子曰："必有邻"，邻者亲近之义，凡是为善为德之事，或者从事有利于大众的事业，必有同道响应。

读此章可知两点；其一、人性是向善的。普罗大众，大多数只是为了过上好日子，并无高远的志向，对于善恶的观念也是模糊的，遇善则善，逢恶则恶，缺乏评断的标准。从某个角度来说，没有人愿意当坏人，成为过街老鼠人人喊打，只因接受的教育和生存的环境不同而有了差距。若在同等的条件下，成为善人乃是大多数人的选择，不然为什么没有人愿意标榜自己是恶人呢？其二：有德有善友。君子与君子才能成为莫逆之交，小人和小人才会沆瀣一气。先有成德之心，此有成德之事，如此则能与有德者相遇、相知。心有善念，行有善行，必有善应！

【按语】德之与邻也，必有应乎。上德必有上邻随，下德必有下邻应。所谓邻者，德之召也。

> 昔孟母择邻处
>
> 德之行必在事
>
> 纵有理不知处
>
> 无德人邻必辞

君友章

【原文】4.26　子游曰："事君数，斯辱矣。朋友数，斯疏矣。"

【今译】子游说："为君上效力，劝谏太急促，会招致耻辱。和朋友相处，劝说太勤，容易被疏远。"

【通解】此章乃是子游的心得体会，此既是生活的经验，又与夫子所倡导之仁德紧密相连，故而将此章编于《里仁篇》之末。

数者逼促烦琐义。侍奉君主，以礼而节，即便需要劝谏，谏不过三，若三次劝谏而君不愿采纳，可以暂时停止，不可逼促，逼促必受辱遭祸。与友相交，亦以礼节之，见其有过，好言劝说，仍然执迷不悟，无需再劝，切忌烦琐，不厌其烦只会招来朋友的疏远。五伦之中，君友两者最为接近，亦乃仁德之显发处，逼促烦琐致君友身心不适，有违仁之嫌，受辱、疏远当属必然。君子不可不慎。此章虽言数，实乃言礼，事君以数，或有谄媚之嫌，与朋友以数，或有巧言令色之嫌。如若不然，又何必以辱疏二字为警示呢？

战国时期，赵国由太后执政，秦国攻打赵国，赵国向齐国求救，齐国要求赵太后将最爱的儿子长安君作为齐国的人质才可以出兵援赵，赵太后爱子心切，不肯答应，很多大臣前去劝说，都被赶了回来。有一位叫触龙的老臣，得知此事，面见太后，开口并不提送长安君去齐国做人质的事情，只是说想让太后同意他最疼爱的儿子去当护卫，以建立功勋，待他百年之后，爱子能有好的前途。赵太后由此有感，最终同意了齐国的要求，这就是最高明的劝谏，不显山露水，但让人心有所触，最终达到了目的。

【按语】劝谏于上者，当以礼行之。劝谏于友者，以适度而止。人之与人也，必重于义，节之以礼。夫受上之辱，始于邀宠而无礼，受友之疏，始于有谄而无礼。

与上相交成于敬

建言献策需用心

一生朋友始于情

温馨提示重在诚

公冶长篇·第五

公冶章

【原文】5.1 子谓公冶长："可妻也,虽在缧绁(léixiè)之中,非其罪也。"以其子妻之。子谓南容："邦有道不废,邦无道免于刑戮(lu)。"以其兄之子妻之。

【今译】孔子择婿,先对公冶长评价说："可以作称职的丈夫,虽然他曾经坐过牢,但不是因为他真正有罪。"就将自己的女儿嫁给了他。评价南容说："得遇盛世,他可以受到重用;如逢乱世,他能免于刑罪。"将自己兄长的女儿嫁给了他。

【通解】公冶长,即公冶氏,字长台,懂鸟语,是孔子的弟子。后世的儒者们不太提及公冶长会鸟语的事情,但在《论释》里对他懂鸟语的这一独特功能作了详细的介绍,正是因为他懂鸟语,所以被误判入狱。

"缧绁"者,缧即黑色的大索。绁即牵系义。古时用黑索系罪人。其时,公冶长在卫国返回鲁国的途中,听到鸟儿们相互通告小溪边发现了人的尸体,准备一起分食。此时,公冶长恰巧在路边遇到了一位年迈的老人家正在寻找失散的儿子,并怀疑其子已亡,公冶长就告知老人家或许去溪水边能寻到,后来获实,却因此被误认为是杀人凶手而入狱。在漫漫的历史长河中,有很多人受罚,并不是因为真正触犯了刑律或者道德规范所导致,如周文王被囚羑里、司马迁受刑、岳飞获罪等等,均属冤枉或者政治迫害。同样,公冶长当年入狱,也是被人冤枉所致。

"以其子妻之"古人无论儿子还是女儿,皆以子称之。孔子并不在意公冶长入狱的经历,不仅如此,还将自己的女儿嫁给了他!

南容也是孔子的弟子,"不废"者,废即废弃义。夫子评断南容将来若逢盛世可以为官,即不废弃。若逢乱世不会获罪,所以说"免于刑戮"刑者刑罚,戮,诛戮。这完全是根据南容日常的行为所得出的结果,在十一篇时会继续提及此事。

"以其兄之子妻之"孔子的兄长叫孟皮，英年早逝，其子女由夫子抚养长大。孔子将兄长之女也就是把自己的侄女嫁给了南容。

公冶长是"有罪"之人，南容是永远不会获罪的人。在"有罪"与"无罪"之间，孔子却将自己的女儿与侄女分别嫁给了他们，由此体现出的是夫子对人品的重视，他老人家始终将这一思想贯穿于一切，择婿之事尤能体现。

夫子看重的是公冶长的人品，忽略了他之前的罪名；看重南容的持重，忽略了他的愚钝。后世学人果能如夫子者，为数不多。正所谓："若要寻得圣人重德真切处，当从夫子择婿时！"

【按语】公冶长之罪非罪，德能立之。南容持重慎微，德能成之。人必有所长，亦有所短，唯德能存，此德非污水能染，非愚钝而不能。故夫子嫁女于公冶长，嫁侄于南容。

> 德重轻出身
> 立世躬行深
> 品贵不刑缧
> 处世须谨慎

子贱章

【原文】5.2 子谓子贱："君子哉若人！鲁无君子者，斯焉取斯？"

【今译】孔子评论子贱说："君子就是像他这样的人啊！如果鲁国拥有那么多的君子，他才有如此高的修养啊！"

【通解】子贱，姓宓（fu）名不齐，孔子的弟子，比孔子小30岁，是七十二贤人之一。

本章为夫子对子贱的一段评论；自孔子以来，最会夸学生，最爱赞美学生的老师，恐怕没有人能和孔子相比的了。夫子赞美学生时言辞恳切，每一个字都用得恰到好处，令人深受鼓舞，现在读来，依然人心向往之。

"若人"者即此人，特指子贱。君子的美德和子贱的美德相等，也就是子贱用他的行动诠释了君子的意义。人若不知君子二字到底如何，看看子贱的行持就能知道。

常言道："一方水土养育一方人"，居住的环境，文化的氛围是造就人才最基本的条件。毋庸置疑，在那个年代里，鲁国相对于其他诸侯国，其文化根底还是比较深厚的，特别是在孔子的影响下，产生了诸多的君子和贤人，也正是在这样的时代和社会背景下，孕育了子贱的君子气质，所以经文中才说："鲁无君子者，斯焉取斯"，斯即此也，前一个"斯"指子贱，后一个"斯"之品德。也就是子贱拥有尊贤容众，虚心好学的可贵品质。试想一下，一个人如果不主动向身边的贤达靠拢，虚心求教，即使整天和圣人在一起又能如何呢？由此可知，良好的人才环境加上卓越的个人品质，才可以造就人才。

司马迁先生将子贱列入了《史记·滑稽列传》，想必子贱和后来的东方朔有些许相同之处，亦是足智多谋的奇才。他在单父这个地方当了三年官，整日悠闲自得地在房间里弹着琴，轻轻松松就将单父治理得井然有序，百姓安居乐业。为官如此轻松，好让人羡慕，细究一番后才发觉，子贱看似无为的政治态度，实际上离不开他尊重人才、重视文化、选任贤能的为官之道。

读此章，可知两点；一者，可知夫子之谦虚，子贱乃夫子弟子，然夫子将子贱之成德归功于鲁国其他的人。二者，人才之养成，需要诸多因素，既要有可以学习的榜样楷模，还要自己肯用功，愿意学。

【按语】子贱好学向贤，故能尊贤而容众，以成其德。若子贱非善类，纵然鲁国君子遍地，亦不能成贤成德也。成德者，必然在我，非外力所由焉。

> 子贱能容众
>
> 处处遇贤人
>
> 虚心又善问
>
> 史书留其名

瑚琏章

【原文】5.3 子贡问曰:"赐也何如?"子曰:"汝,器也。"曰:"何器也?"曰:"瑚琏也。"

【今译】子贡向夫子请教说:"那您看赐怎么样?"夫子说:"你是有器用的人啊!"又问夫子:"是哪种器用呀?"夫子答:"庙堂之上,如瑚琏一样的器皿。"

【通解】子贡在听到老师对其他同学的评论后,就特别想听听夫子对他自己的评价。于是坦然地向老师请教"赐也何如?"赐是他的字,自己称自己,一般只称字,不称名。夫子说:"汝,器也""器"就是器皿,夫子曾说"君子不器"。子贡乃是瑚琏之器,瑚琏之器用于祭祀,祭祀时,装满五谷供于庙堂之上,它虽然只有一种用途,但尊贵而不可或缺。夫子许子贡以瑚琏之器,虽然还没能达到不器之境地,但他的高才大用已然知晓。人生在世,有所取,必须有所予,也有才德不及子贡者,但无论属于哪一种器皿,始终和自己的努力分不开,完全在我,用之于世,求其俯仰无愧可耳。

读此章,可知三点;其一,夫子之温良。子贡迫切地想知道老师对他的评价,夫子却一字一句,不紧不慢,问答之间,夫子的宽厚温良跃然眼前。其二,子贡之好学。能主动向夫子请教类似问题的人,恐怕只有子贡了,之所以能如此问,一是说明他对自己充满了期待,二是他想知道自己的学问程度,故而才有如此一问,所谓"就有道而正焉"者是也。子贡想通过老师的指点,以便于使得自己能有更清晰的目标。其三,子贡之高洁。如果说"君子不器"是永无止境的人生追求,那么瑚琏之器已经具备了生命的独特功能,从子贡一生的经历来看,的确如此。他不但是"儒商"的典型代表,能贫而乐,富而好礼;更是一位非常了不起的外交家。据《史记》记载，鲁哀公六年(前489年)，孔子及其弟子在陈绝粮时，孔子派子贡到楚国，使得楚昭王出动军队迎接孔子，化解了危机。由此可知子贡的才能非一般人能比。而夫子所说的"瑚琏之器"更体现了子贡的无可替代。

【按语】夫子曰："君子不器"，然今次谓子贡乃"瑚琏之器"，意乃人如器般尊贵独特。虽只一种用途，实非一般之器，乃国之重器也。吾人当学夫子之善察人，亦当学子贡向学之志，敢于寻己之过。

瑚琏非不器

祭祀不可替

赐问师答际

探知真情意

仁佞章

【原文】5.4 或曰："雍也,仁而不佞。"子曰："焉用佞,御人以口给,屡憎于人。不知其仁,焉用佞。"

【今译】有人说："雍,是一个有仁德而缺乏口才的人。"孔子说："也不一定需要口才,用言辞掌控人,只能使人厌恶。不知道冉雍能否称得上是有'仁'的人,但是也不一定非得需要口才啊!"

【通解】雍即冉雍,字仲弓,孔子的弟子。

"佞"字特指多才之义,也有巧义。有人评价雍说他是有仁德而缺口才的人,故曰"不佞"。夫子曾云"雍也简"简即简默,谓其不善言谈。此人借着冉雍的"仁而不佞"特讲仁德与口才的关系。有人认为冉雍是有仁德而缺口才的人,实在是美中不足,有点遗憾。

"御人以口给",御者,对付之意,给即供给的意思,以口给应对敏捷,出言必有供给。"屡憎于人"屡,数也,即屡次。憎者厌恶之意。以口供给,让人容易生厌恶。口才实在不是什么特别重要的功课,只有口才而缺乏真诚,会让人产生厌恶之心。值得注意的是,夫子并未就冉雍是否具备仁德而展开论述,但明确地告知请教者,不一定非得具备口才就是仁。所以说:"不知其仁,焉用佞。"

夫子向来提倡真学实干,说得好,不一定做得好。功利主义者,认为夫子此观点是滞后的。立足于商场、职场,怎能没有良好的口才呢? 在他们看来,这简直愚不可及,根本不符现实需求。

口才可以通过训练获得,但人格的升华却是将真理不断实践的结果。拥有口才而缺乏仁德的人,犹如希特勒之流,危害匪浅。周文王虽然没有表现出过人的口才,却以仁德之心赢得百姓之心,受万代敬仰。

此章经文，以佞仁之辨，可见儒家重仁轻佞的教育思想。仁者道也，佞者术也。仁为本，佞为末，拥有良好的口才固然是好事，倘若与仁德相比就显得微不足道。自古圣贤重道重德，小人重术重利。

以成就功业为例，亦有本末之别，凡是能抓住根本的人，必有所得。今有一则小人物的小故事引述于此，对此章作一引申，以便于理解本章奥义。

有位来自农村的小姑娘，因为母亲身患恶疾，不得已才来到城里工作，想通过自己的劳动赚钱为母亲治病，为了能拥有一份丰厚的酬劳，她想从事销售行业，因结巴被多家企业拒绝，未能如愿。后来由于她的真诚和坚持，最终被一位销售主管看准，凭借过硬的产品质量和她的真诚，小姑娘最终打动了无数客户，结果她的业绩反比口才一流的同事要高出很多。

读此章可知卓越的口才不一定就是成功的法宝，拥有真诚的人生态度才可以大行于天下。

【按语】佞者心口不一也，虽以佞御人，实仁德不能立也。仁之与佞者，君子小人之别矣，君子不与佞，而欲仁者也。

> 颜回三月无违仁
> 冉雍居简不欺人
> 佞以御人必招憎
> 真学实干仁能兴

信斯章

【原文】5.5 子使漆雕开仕。对曰："吾斯之未能信。"子说。

【今译】孔子想让漆雕开去做官。漆雕开回答说，"弟子还不太自信自己的德行可以为官。"孔子听后很高兴。

【通解】漆雕开即漆雕氏（此姓可能是以官职为姓氏），字子开，开启之意，是孔子的弟子，经文中"吾斯之未能信"，古人认为这个"吾"字可能是"启"字，按古礼，弟子对老师不能自称"我"，得称自己的字。后人认为误书为"吾"。"斯"即此，与"仕"字相对应，出仕为官，志在行道。夫子让漆雕开去当官，他却不愿意，自认为德行修养还不足以为官，所以才说"未能信"，意思是对此事缺乏自信。此并非漆雕开谦辞，而是真的认为自己不行。他想把时间用在提高自己的德养上，待日后再来施展自己的才德。夫子很少谈及为官之道，对于弟子的前程几乎从不干涉。然而，夫子对漆雕开却是一个例外，竟然主动提出让他去做官。漆雕开却表现得很平静，他认为自己还没有"为政以德"的德行，在他看来，为官是神圣的事情，先立德，才能为官。自己的德行未能完满，怕做不好，更觉得夫子所传之道，自己还没有完全深入，故而推辞。孔子听了漆雕开的这番话，倍感欣慰。经文中只用了"子说"二字形容夫子当时的态度。

说即悦，夫子之悦显得有些"奇怪"，自己的学生不听自己的建议，不但不生气，而且还很愉悦，夫子究竟为何而悦，悦从何来呢。此悦值得细细参究，圣人乐于道，见漆雕开笃信于道，亦悦之。弟子之笃信于道而深感未能见道，所以言"未能信"。此处足见其已见圣人之大意，焉能不悦！

清末名臣左宗棠，63岁抬棺入疆，抱着必死的信念，在后勤给养不足的情况下收复160万平方公里的失地。这样的事例，在中国历史上不胜枚举，他们完全放弃了个人的荣辱和生命，去为更多的人谋福祉，为民族谋未来。一代代仁人志士前赴后继，无不是受到了家国天下的文化影响。若身不能修，德又不齐，又何以为天地立心。由这一思想推理，不难看出孔子为何而悦了。若只是为了为官而为官，夫子断然不会让漆雕氏去当官，正是基于他的好德之心纯一不杂，夫子才有此想法。若人人都能有漆雕开的志向，不愁清气不能满乾坤。

根据历史记载，夫子让漆雕氏为官的时间，正好是孔子在鲁国当司寇的时候，若是他能同意，或许可以谋得一份不错的工作呢！

【按语】漆雕开以未能细究于道而不肯为官。为仕为德，公私之间。为道之心越切，为官之心越淡，利他之心越浓。为政不在利禄，只谋德行于世也！

漆雕志于道

不肯为官绕

学人当习雕

为官必成效

浮海章

【原文】5.6 子曰："道不行，乘桴浮于海，从我者其由与！"子路闻之喜。子曰："由也，好勇过我，无所取材。"

【今译】孔子说："大道难行，干脆乘着桴去海外吧，子路可以跟随我一同去。"子路听到夫子这样说，非常高兴。孔子说："由啊！勇敢超过我，可惜我没有木材制作出海的工具呀。"

【通解】透过经文，画面感迎面而来，圣人的浪漫和不失幽默的神态惟妙惟肖。

夫子眼看当时周室正统逐渐被诸侯国所背弃，礼乐混乱，仁道难行，不由暗自伤感，真想离开这片既让人充满无限情感，又难以行道的土地。经文中将此事用"道不行"一语概括，今日已无从感受圣人当时的心境，但这三个字一定融合了许多复杂的情感在其中。

"乘桴浮于海"，即绳索编制的竹排，浮于水面，大的称为筏，小的称作桴，今则称排。孔子见道不能行，言说打算乘桴浮于大海，带上子路漂向远方的九夷之地，或许那里可以传道。圣人之叹，在无可奈何中彰显了坚定的信念和对仁道的执着。无论沧海桑田，此一片赤诚之道心永不磨灭。

"子路闻之喜"，有点不太善于思考的子路听说老师要带他去远游，并且还夸赞了他，于是高兴得不得了，笑容满面，恨不得马上就出发。夫子被子路如此可爱的举动给逗乐了。

"由也，好勇过我，无所取材。"夫子此语与上句的语境发生了很大的变化，话锋一转，似有笑容出现，笑着说："由啊！你的勇敢完全超过了我，可惜我没有准备好做木排的材料呀！"凭这一句，便将夫子的机智和幽默活泼泼透过文字映射了出来。他的一句感叹，子路却信以为真，猜想一下，夫子在看到子路的神情时，会是一种什么样的心情呢？圣人之心，我等凡夫，无法测度，但夫子说"无所取材"的时候一定是笑着的，他的笑容充满慈祥，释然与欣慰并存。

子路在论语中一共出现过 41 次，从数字上足以证明子路在儒门中举足轻重的地位。而这 41 次中，子路的每次出场几乎都能给我们带来与众不同而又朴实的生活气息。因为他有着一颗敢怒敢言，直勇坚定的信心。

真切地被夫子感动，被子路感动！

《论语》及《论语》所代表的儒家经典和思想之所以经久不息，就在于祂的真实，于生活同步，与人性同轨，凡是按着这条路走下去，必能寻得见光明，遇得见自己心中的圣人。

读此章可知圣人从不以师者自居，他与弟子之间相处的情景最值得学习，父母和孩子之间也应该如此相交才好，正所谓有感有应，才能心心相印也！

【按语】夫子叹道不能行，突生携子路浮海之想。子路不解圣意，欲成行，夫子故戏言。此圣人与弟子之真情场面，彰显平凡、情重，感人至深矣。

道难行于世

圣人意欲辞

子路不解旨

喜乐生于此

武伯章

【原文】5.7 孟武伯问："子路仁乎？"子曰："不知也。"又问。子曰："由也，千乘之国，可使治其赋也，不知其仁也。""求也何如？"子曰："求也，千室之邑，百乘之家，可使为之宰也，不知其仁也。""赤也何如？"子曰："赤也，束带立于朝，可使与宾客言也，不知其仁也。"

【今译】孟武伯问孔子说："子路有仁德吗？"孔子说："不知道！"又问。孔子说："由啊！可以将拥有千乘战车的国家治理得非常好，但不知道他是不是有仁德。""那冉求呢？"孔子说："冉求啊！他可以担任一个拥有千室之邑、百乘战车之城的大总管，他的仁德我也不知道。"那公西华怎样呢？"孔子说："公西华啊！他可以束带庄重，立于朝堂之上，担任应对宾客的职责，但我不知道他有没有仁德。"

【通解】本章可与"子路、冉有、公西华侍坐"章合参。

孟武伯向孔子询问行仁德之实例，并列举了子路、冉有和公西华三个人，孔子并未就此问题给出明确的回复，反而对这三个学生的才能做了很细致的评价，通篇《论语》夫子表扬弟子的言论不少，以仁德而许可的惟有颜回一个人而已，并且未曾完全表明颜回已经具备仁德，只说"三月不违仁。"意思就是说颜回可以在很长的一段时间保持不违背仁道的状态。

夫子在此只谈三人的才能而不谈仁德，说明了仁德与才能之间没有直接的关系。比如宋朝的岳飞和秦桧两人都是饱学之士，但为什么前者成为了爱国英雄，万代楷模，后者却成了千夫所指，万人唾骂的恶人？个中缘由，皆因才德之分所致。

夫子在此只谈三人的才能而不谈仁德，说明了仁德的不可窥见性。"仁"是儒家思想的核心，单从这个"仁"字就很难用其他文字准确地诠释出来，如果说"仁"

是"爱人"的话，那么"克己复礼，天下归仁"的"归仁"就可以翻译成"天下归于爱人"，再讲"三月不违仁"的"违仁"变成"三个月不违背爱人"，如此来看，显然是不合理的。由此可见，"仁"不只具备某一个特征，就此而言，"仁"应该是全面的，包含人性最高修为的思想境界，非语言文字所能表述清楚，故而，恐怕只有仁者才能见仁了。如果当时孟武伯问夫子"夫子仁乎！"孔子也许会谦虚地说"不知也。"

夫子在此只谈三人的才能而不谈仁德，说明了儒学教育的全面性。孔子说子路能治理好比较大的国家，冉有能担任一个大家庭的总管，公西华能成为外交家。三个人同为一个老师，才能却不尽相同，按照现在的分法，他们三人应当在三个完全不同的科系学习才对。但那时候老师是根据学生的习性和喜好来引导教化的，此便是有教无类。换而言之，无论是子路治理千乘之国的才能，冉有的总管之能，公西华的外交之才，皆有其德养在其中。若无此，又何以治国安家而交天下呢？就儒家重仁而言，三人制仁德虽有所欠缺，因而不以仁许。从另一个角度来说，此亦是夫子之慎言处，诚然，夫子虽常常赞叹门人，但终不轻易以仁许人。

读此章可知，孔门之教，无论学习何种专业，仁德皆为最高准则，这是近现代教育所缺乏的地方。才能和德行无关，但有德行者会走得更远。《易经》说"厚德载物"，仁德和修养是一切技能、专业的基础。若无仁德，纵然有高超的技术，也不过是损人害己的工具而已。

【按语】才与仁不可同语，仁者本也，才者末也。才可尽显于外，仁于内而不于外。夫子慎言"仁"论才，非夫子重才，实乃儒门重仁，故不轻易以仁许人也。

夫子论三子

慎言不知仁

三子能治世

仁德必有处

孰愈章

【原文】5.8 子谓子贡曰："女与回也孰愈？"对曰："赐也何敢望回！回也闻一以知十，赐也闻一以知二。"子曰："弗如也，吾与汝弗如也。"

【今译】孔子对子贡说："你和颜回谁更胜一筹？"子贡回答说："赐，不敢和颜回相提并论，颜回闻一便能知十，赐只能闻一得二。"孔子说："确实如此，我赞同你的说法！"

【通解】读《论语》会发现，夫子赞美颜回最多，和子贡讨论问题最多，师生之间的话题所涉及的领域也很广泛，好像总有谈论不完的话题。此章所论，似夫子有意为之，以检验子贡的学问。

"谓"字，此章意为对，孔子对子贡说。

"女于回也孰愈"，女即汝。愈胜义。意思是你和颜回相比，谁更胜一筹？今日所比较者，乃是孔门第一的颜回，子贡与颜回之间，道德学问孰高孰低，这个问题本身就包含了很多层意思。

其一，说明子贡的学养在颜回之下，但没有人在子贡之上。举一个通俗的事例，没有人会去问一个成绩很差或者和第一名有一定差距的学生"你觉得你和第一名之间谁厉害？"这样的问题根本就不需要问，大家都是心知肚明的，即使要问，也只会去问与第一名不相上下的那个人，夫子此问，就表明了子贡与颜回之间的差距不会太大。

有人认为这是夫子在故意试探子贡，如果真是这样，就显得子贡的学养其实并不高，更说明了夫子对自己的学生是缺乏认识的。子贡是孔子在周游列国的时候相遇的，当时在卫国，从此以后子贡就一直追随在夫子的身边。夫子去世后，别的弟子为老师守了三年孝，唯独子贡守了六年孝，在《论语》里，子贡恐怕是赞美自己的老师最多的人。从这点看，子贡对自己的老师是百分之百地信任，百分之百地尊师重教。既然如此，他们之间就不需要用试探的方式交流，如果子贡真有什么问题，夫子完全可以直言相告，相信子贡会言听计从的。

其二，夫子和子贡的关系最亲密。《论语》里与颜回相关的文字出现过二十次，与子贡相关的有三十五次，颜回的名字出现过三十二次，子贡的名字出现过五十二次。从这个数量来看，或许并不能说明什么问题，但当一个人总是和另一个人什么问题都讨论的时候，就说明两人之间在很多看法上有相应的地方，特别是师生之间。孔子要比子贡大31岁，从年龄上来说，他们根本不在同一个年代，可为什么还要连孰高孰低的问题都要讨论呢？若是没有深厚的情感，某种相同的共识，这样的问题相信夫子是不会问子贡的。所以，他们之间的关系总觉亲密如父子，形如朋友。

其三，体现了子贡之明己道。子贡说："赐也，何敢望回！回也闻一以知十，赐也闻一以知二。""闻一以知十"，十为数之全，意思是颜回能得其一点就能知其全貌。如此境地，只有夫子可以做到。"闻一以知二。"二者一之对。意思是子贡自己只能得一知二，不能知其全体。从这个形象地比喻来看，两者相差甚远。此为子贡的谦虚。当子贡如是说的时候，夫子竟然说"弗如也，吾与汝弗如也。"颜回能得一知全，子贡只能得一知二。颜渊能透过细微而直入事理之内，浑然见其全体。子贡却只能在事理上做比较，所知仍有许多不足，所以夫子先对子贡的这番比喻表示肯定，的确是"弗如也"，也就是"你的确不如他。"但话锋一转，随即便说："吾与汝弗如也"，"与"者，许也。意思是说："我完全赞成你之所说"，此乃圣人善教处，许以子贡之言，以企子贡更进一步。

读这章时，可知孔门人才辈出，既有闻一知十的颜回，又有知己能闻一知二的子贡。虽十与二，有所差距，与常人相比，已属望尘莫及。

【按语】子贡答于夫子，自知知人之工夫足见深远矣，人贵有知，圣门弟子，承夫子之德，以谦恭礼让而不息于华夏。前章夫子有言曰"吾与回言终日，不违如愚，退而省其私，亦足以发"此发者与子贡之"闻一知十"乃有同工之妙意。故夫子曰"吾与汝弗如也。"一者乃夫子之自谦，二者乃孔门龙象辈出之大气象，于此可窥见一斑！

> 人贵有自知
>
> 方能长学识
>
> 圣人能自谦
>
> 内有仁与智

昼寝章

【原文】5.9 宰予昼寝。子曰："朽木不可雕也，粪土之墙不可杇也。于予与何诛！"子曰："始吾于人也，听其言而信其行。今吾于人也，听其言而观其行。于予与改是。"

【今译】宰予白天睡觉，被夫子发现了。孔子说："朽烂的木头不能雕刻，粪土做的墙不能再粉饰，还有什么好责备的呢！"孔子又说："我以前考察人，听他的言辞就相信了他的为人。从今以后我考察人，不但要听他的言辞，还要观察他的行为。这是因为宰予而改变的。"

【通解】宰予姓宰名我，字子我，是孔子的弟子。在《论语》里一般不直接书写诸弟子的名字，此处却直呼其名，不知编者是何用意。

"昼寝"，寝即寝室，古人到了夜晚才居于寝室，宰我却在白天居于寝室，也就是他在大白天睡觉，让老师发现了，被夫子严厉地责备了一番。依据古人注解来看，对此件事情众说纷纭，言辞不一，并无统一认识。宰予在孔门的地位仅次于子贡，为四科弟子之一。《义疏》引用珊琳公和范宁的说法认为，以宰予的德才来说，应该不是偷懒，而是想故意引起夫子的注意，以得到老师的关注。《正义》说："说宰予白天睡觉，其实是早晨太阳都出来了，他还在赖床。"《集注》说宰予白天睡大觉是懈怠的表现。古人云："古者一日二食，一宿，若昼寝则一日尽废"，无论如何说，宰予在大白天睡觉的事情，应该不会有错，于是引发了夫子脍炙人口的训人名言"朽木不可雕也，粪土之墙不可杇也"，直至今日，人们常借用夫子的这句话来评说不成器的人。此语在中国可谓妇孺皆知。

"朽木不可雕"，朽木就是腐烂的木头，难以雕刻。

"粪土之墙不可杇",粪土即秽土。杇者,粉饰墙壁的泥刀。意思是秽土之墙难以修复如初。

"于予与何诛",诛者责也。夫子的意思是像宰予这样的人,我不必再去责备他了,因为他难以教诲。这简直是对宰予失望透顶了,其本质难以开化。其原因在于宰予自己放弃了自己,他在白天居于寝室,即有偷懒之嫌疑,又有懈怠之过失。夫子之所以如此措辞严厉,并非从此就不再教诲宰予,乃是想通过此番话语,让他对自己的行为有所警觉。于此处可知,圣人不光是循循善诱,也有当头棒喝的霹雳手段。就好比一棵本就不错的树木,既需要阳光和雨露滋润,也需要利刀削掉多余的枝干,如此才能成材,育人亦是如此,如何应用,关键要看人,看时机。如此严厉的措辞,在《论语》中是少见的,甚至是罕见。

"子曰"二字似为误出,或者原本就有此二字,用在此处,更显气势。故而,从"子曰"二字又重起。

"于予与改是"上文听其言而信其行,因为宰我的原因,夫子改变了此观点。这句话很严重,大有一粒老鼠屎坏了一锅粥的意味。从观人来说,说什么,并不重要,如果只听不看,很容易受到蛊惑,这种观人之法确实不合理,借着宰予的事情,夫子教人观人不但要听他说什么,还要看他做什么,这样一来,对一个人的考察也就更完善,更全面了。

【按语】此章可见圣人责人纠错之心切,夫子于愚笨者,迟钝皆能赞赏,独不容懈怠、巧言者。此非夫子不容,实乃学之诟病,不可不当头棒喝也!夫子又始与人只信其言而改听其言,观其行,乃观人之圆满法也。此处夫子就宰予之惰,亦纠自身之观人不全之过也。

懒惰乃学障

精勤为良方

夫子诲人切

棒喝不为过

见刚章

【原文】5.10 子曰："吾未见刚者。"或对曰："申枨。"子曰："枨也欲，焉得刚？"

【今译】孔子说："我从来没有见过刚的人。"有人回应说："申枨就是呀！"孔子说："枨啊！也有欲，哪里能算是刚呢？"

【通解】申枨是孔子的弟子，在历史和典故中记录不多，恐怕也是位了不起的人物，不然为什么在孔子说他没有见过刚的人时候，就有人马上想到了申枨呢？只不过，在夫子看来并非如此。儒门中，"刚"的品质特点几乎很难三言两语就能说得明白。毕竟连夫子都说没有见过刚正的人，足见此种品格之高贵与难得。既然如此，那么究竟什么样子的人才算是"刚"呢？什么又是"欲"呢？

"刚"者，正大光明，不被物质所左右，不畏惧艰难而退缩，犹如寒冬里的梅花，不畏严寒，暗自飘香。

孔子以后，华夏历史如司马迁、文天祥，可谓高贵人格之楷模，刚者之典范。如夫子能知道还有后来人，或许会点头微笑以默认。

"欲"者，唯利是图而为情所困，专门利己毫不利人，以享乐为人生最大之乐趣。犹如那墙头的细草，随风飘荡，看似左右逢源，其实内心空洞而无光，只能游弋在无尽的欲海里，饮鸩止渴。

古人认为多欲是因为无志，有志的人不会一味地迷恋于物质而放弃精神的自我完善。然而在物质与精神角逐的世界里，一般人很难如圣人一般，确立了坚定的志向，所以圣人才说他没有见过刚正的人。

人生一世，即使无心成圣成贤，至少不能被欲望所捆绑而失去自我。即使不能成刚成仁，至少也要活出自己的风采，才能不枉父母师长的教诲之恩。

读此章可知一个人如果能立定希圣希贤的志向，并能坚定地走下去，不但是对理想信念的坚持，也是刚性的表现吧！

【按语】刚者人之性，志能令其生。欲者人之习，节而后能寡。刚者富贵不淫，威武不屈，正大光明，存乎天地之正气，立于万物而不移，乃真丈夫气质。欲者以利而安，懦弱无志，灰暗无光，徇私情而忘乎义，纵乎欲而堕于贱。

青松锁石山　不畏飓风残

梅开腊月天　暗香透严寒

昔日文天祥　刚正赴国殇

丹心印孔孟　楷模万年传

加我章

【原文】5.11　子贡曰："我不欲人之加诸我也，吾亦欲无加诸人。"子曰："赐也！非尔所及也。"

【今译】子贡说："我不想别人把这些事加在我的身上，我也不想把这些事加在别人的身上。"孔子说："赐啊！这不是你能力所能达到的。"

【通解】子贡最让人可敬、可爱的地方就是他无论有什么想法，都会主动和他的老师毫无保留地交流，一般人很难做到的。现今的人，能主动和自己的老师或者长辈交流想法的很少见。一是不想因此而受到批评，二是在心里还是有隔阂。一个人的成长，离不开向书本学习，更离不开与师长、善友交流，从而获取更多的精神给养。

儒家向来重视师教，特别是在先秦时期，师徒相交甚为密切，正是基于此种向学的大气象，才造就了文化的兴盛。

就教育而言，确实如孟子所说："得天下英才而教之！"不但老师得好，学生更得优秀，只有这样才可以将道业传承下去。子贡虽然不及颜回有天赋，但从他的种种表现来说，无异于是一等一的好学生。

子贡或许是受了夫子"己所不欲勿施于人"的思想影响，得出了此章之言。

"加诸我"，加，陵义。意思是无故强加于人。子贡不想别人把某些事无故加在自己的身上，他亦不愿将某些事无故加于别人。子贡以为这便是仁德了，但心中仍有疑惑，于是向夫子请教。

"非尔所及"，及者能也。不无故强加于人，我们可以做到，但是不想别人无故强加于自己，这是万万做不到的。"非尔所及"重在前一句"我不欲人之加诸我也"。孔子教人，主反求诸己，主尽其在我，以我所能，行我所行，此坦荡荡一片赤诚之心尽显。

　　所谓仁者，无论是宽恕别人，还是遭遇逆境或者阻碍，不是被动的道德要求而去刻意宽恕或接受，而是自然的本能反应，别无二心。就像某人突然遭受袭击，会自然躲闪或者还击，此亦为本能之反应，对于他人的关爱亦是如此，出于同己之心。人与我本为同根，故能同心。以此章经文，子贡还有不想别人把某些事情加在他身上的心，此心与仁者之心有所区别。仁者之心，是全然地接受，全然地宽恕。不被外力所左右，不受主动与被动之约束，任用本心于万一，体察动静于己身。

　　大多数人认为儒家思想是靠内在的道德约束以实现外在的和谐统一，通过这一章就能明显地看出，一切道德的最高行为标准皆出于本心，非约束。

　　有一次，在另一个房间喝茶，平时养的两只小狗也跑进来凑热闹，离开时竟忘了还有一只在里面，顺手就关了门。约摸过了一个多小时，在外面的小狗来回奔串着大声狂叫，十分着急，不知发生了什么事情，就跟着它一路小跑，待接近茶室时听到里面竟然还有它的同伴，才恍然明白，原来门外的狗在想法解救门内的狗。细想，这两只狗并未受过任何道德教育，它为什么就能不顾一切地去帮助同伴呢？而有一种人，在需要献出爱心的时候，却表现得很冷漠，此并非人不如狗重情。透过圣贤的眼睛看人性，其实，人性更能体人，人在相互竞争的环境里，为了生存开始变得利己，于是就有了彼此的强加，同己之心渐渐被利己之心所替代。由此就产生了以仁德为核心的众多思想教化，以唤醒人性本有之良能。

　　【按语】"我不欲人之加诸我也"乃不受之心，"吾亦欲无加诸人"乃恕道之初端，非仁者之全体。夫子恐子贡由此以为将至而不进，故曰"非尔所及也。"一语惊梦，直将道行。

> 此花非彼花
> 开时自娇艳
> 若知己花开
> 还需春再来

性天章

【原文】5.12　子贡曰："夫子之文章，可得而闻也。夫子之言性与天道，不可得而闻也。"

【今译】子贡说："夫子叙述的诗书礼乐，可以常常听到，夫子讲性命与天道，很难有所得有所获。"

【通解】"文章"即诗书礼乐，夫子常举以教人。当时社会礼崩乐坏，夫子遂以文教为重，删诗书，定礼乐，传道、授业，在此过程中留下了大量的文献，随从的弟子亦能尊谕奉行。

"性命天道"，天道者天之行，夫子称其为命，屡言知天命，但是并不对天道与命详细阐发。性命与天道，只能用心体验，以身证道，非语言所能尽释。即使讲了，一般人也很难理解，很难明白，所以子贡深叹曰："不可得而闻也"，乃叹其精义不可得闻。此有以下几层意思。

其一、子贡此言乃是赞夫子之道。子贡对自己的老师是最有信心的，对于老师的赞美，亦不吝惜溢美之词。夫子的仁德智慧非一般人所能臆测。能看到的有诗书礼乐。看不到的有"性命"与"天道"，后者则更高更远更深。夫子对《易》亦有精细的研究与阐发，对天地万物的运用有独到的见解，且不说"天道""性命"这样高深的学问能否理解，真正将《易》之精神融汇于生命的人，也是少见的。

其二、表明了"性命"与"天道"的深广，非一般好学之辈能得而闻之。故有子贡"不可得而闻也"之言，若欲闻，必修其德，以企下求上达。此语言与"夫子之墙数仞"有异曲同工之妙。

就此章天道与性命而言，为便于理解，试作一比喻；譬如有人吃完蜂蜜，将其中滋味写了几万字的报告，若是将此报告交给从来没有吃过蜂蜜的人去阅读，即使读上十万遍，恐怕也感受不到蜂蜜真正的味道，想要体味，还得亲自去品尝。"性命"与"天道"就类似于品尝蜂蜜，若不亲证，亦难得闻。

依夫子之教，诗书礼乐乃是通向"性命"与"天道"之阶梯，依此用功，才能得其深意。

【**按语**】"性命"与"天道"非文字语言所能明白，故而此有子贡"不可得而闻也"之叹。"不可得，不可闻"者，即不能完全领悟其真意。若欲了悟，克己复礼为径也。

> 诗书礼乐教
> 文章以化导
> 性命与天道
> 语言不可表

子路章

【原文】5.13 子路有闻，未之能行，唯恐有闻。

【今译】子路每当听到一句道理，如果还没有完全实践，就很怕听到新的。

【通解】此章表述子路之行宜，通过经文，孔门弟子闻行并举之向学气象再次显现。子路虽然不如颜回、子贡等人之禀赋，但行为果断，喜闻学道，也是他的一大特点。

此章专门将子路平日的行持记录下来，反映了儒家思想注重实践的教育风采。编辑《论语》者并非子路，录于此，说明整理者亦认同子路的这一优点。并且希望能将子路的学习精神传承至后世。

"有闻"者，以先得闻之学，"未之能行"者，未能实践以先得闻之学，"唯恐有闻"，因前学未能践行，所以惧怕闻新知。

子路的不敢闻新知，是因为觉得自己的旧识还没有完全实践好。现代人也有此特点，比如孩子写作业，或者大人们干工作，很怕前一项没有做好就接到新的学习或者工作任务。此种惧怕是因为行为上的滞后所造成。然子路之惧怕是思想上的无所感悟，贤良者重在心能有得，普通人重在省力。所重不同，其所得亦相去甚远。多闻的目的在于修德进业，若只是求多闻，实乃舍本而逐末。

【按语】惧畏新闻，乃旧学未及所行所悟。学者，重在心之所得，若未得，多闻恐不利于学也。释门阿难尊者强于多闻，以至后于悟道。此非所闻之不足，实属闻行需并举也。

子路行果勇

每闻实践勤

文行两用功

新旧砥砺行

谥文章

【原文】5.14 子贡问曰:"孔文子,何以谓之文也?"子曰:"敏而好学,不耻下问,是以谓之文也。"

【今译】子贡问夫子说:"孔圉(yu)为什么会被谥号为'文'?"孔子说:"他聪敏而且好学,又能做到不耻下问,是可以谥为'文'的。"

【通解】孔文子,卫国人,名圉,谥号文,尊称为孔文子。

据《左传》记载,鲁哀公十一年(公元前484年)冬天,卫国太叔疾逃到宋国。他之前娶了宋国子朝的女儿为妻,其妹妹随嫁。后来,子朝逃离宋国。于是,孔文子诱使太叔疾休了子朝的女儿,把自女儿孔姞嫁给了太叔疾。再后来,太叔疾派人把他前妻的妹妹引诱出来,安置在"犁"这个地方,并给她修了宫殿,就好像他的第二个妻子。孔文子为此大为恼火,准备派兵攻打太叔疾。经孔子劝说,最后孔文子把女儿强行要了回来。此事的发生成为了孔文子德行上的一大污点。其因有二;

其一、太叔疾为君,孔文子是臣,臣攻打君是以下犯上。其二、将女儿嫁了出去,又要了回来,这种行为不符合礼制,有违信义。

基于以上两点,子贡对他死后被赐予"文"这一谥号大为不解,于是就向自己的老师请教。夫子对子贡说了八个字,以表明孔文子是可以承担起"文"这个谥号。即"敏而好学,不耻下问。"

"敏而好学",敏,疾速义。孔子好古,敏以求之。

"不耻下问",以能问于不能,以多问于寡,皆称下问。很聪明、很有才华的人,通常容易自满,不喜欢学习。孔文子不但聪明,勤勉,还好学。身居高位,为了获得学问,可以放低身份,向地位卑微的人请教。这些优点都是难能可贵的,足以盖过他的污点。之所以称为污点,其因有二;

其一、体现了圣人隐恶扬善的道德智慧。普通人普遍存在两面性，一面为善，一面为恶。善为积极正面的，恶为阴暗和过失。古人认为揭露丑恶虽然可以起到一定的止恶效果，但无法起到扬善的积极作用。使恶行让恶人效仿，使善行处于被动。如果社会舆论只重视宣扬过失，容易使人心晦暗、堕落。对于过失者而言，被人揭露痛点，容易产生逆反心理，从而错上加错。

隐恶扬善的目的在于不断发现过失者的优点，并且给予正面的肯定。多赞扬他人的品德、优点，有助于对方改过，使其增长信心，从而善行越来越多，过失越来越少。

其二、以包容的心对待他人。不以对错去衡量一个人的品格，切莫以一己之见而否定他人之品行，任何人都不是完美的。只要不触及法律，不侵犯他人，均应以宽己之心对待他人之过失。以宽厚的心全然地接受和包容，必能影响他人趋于完善。人都会犯过失，对于犯了过失的人，只是一味地指责，无异于将他推向了犯罪的边缘。只有接受和包容才能给予他改过迁善的机会。

【按语】人非圣贤，孰能无过，过大于善者，责之于私房，善大于过者，当扬善于大庭广众。孔文子敏不骄而好于学，处高位而求学于卑微。此好德之心胜于好利者也。贤人一言以疑之，圣人一语以解之，今人当思之。

> 人非草木焉无错
>
> 且莫记过不见德
>
> 扬善可以改其过
>
> 性本向善人人学

子产章

【原文】5.15　子谓子产:"有君子之道四焉。其行己也恭,其事上也敬,其养民也惠,其使民也义。"

【今译】孔子评价子产说:"他具备了君子的四个德行。平日言行恭谦,对待上级或者长辈敬而有礼,恩惠给予民众,使用民众的时间合宜。"

【通解】子产名公孙侨。他在简公和定公在位的时候担任过郑国的大夫,据《春秋》记载,昭公二十年,子产去世,噩耗传来,夫子悲痛不已,伤心落泪,并赞誉子产有古人的高尚德风。

此章之言,可以看出夫子对子产的认同,并对其一生做了很高的评价和总结。

君子的德行非一字一句所能叙述完备,而子产至少具备了四点:

一者,其行己也恭即言行有恭。恭而有礼,恭是内在的状态,如果心里无"恭",行为上的礼,便显得虚伪而缺乏真诚。如果说"礼"是行为准则,那么"恭"则是礼的中心。

二者,其事上也敬,上者师长君上,即礼敬长者。一切学问从恭敬中得来,对于师长的恭敬更能体现出谦虚好学之德。如果说每个人都是一本书,那么有德之人就是宝典,当我们以恭敬的心与他相处时,宝典就会自动打开,供人学习,借鉴,参照,思考。

三者,其养民也惠,惠即恩惠,也就是惠普民众。民众对政府而言,是衣食父母,情如手足。为官者,若能设身处地地为他们着想,必然会使民众受到恩惠,带领团队的骨干能有惠普之心,便能得精诚团结之众。

四者,其使民也义,义者仁义,合宜之义,即使民以宜之意。对大众的使用和调遣特别重视时间的安排，在民众农忙时尽可能不安排劳役。如今国家在这方面，已经不再使用民众。但就团体而言，在人员工作较忙的情况下，尽量不安排其他的活动亦属此种精神之体现。

子产的四德是实实在在地躬行君子之道，没有文字的阐述，完全是身体力行的实践。此四者最为难得，最为难行，子产能应用于日常，确实让人钦佩和赞叹。

【按语】恭而有礼、敬而谦虚、恩惠大众、以义使民，此君子之四德，子产行以释之，夫子所以赞之。夫此四德，盖语言文字不足以尽其德，故而儒门重行而后重言者也。

子产具四德
后世传其学
分明于行解
仁心始有觉

善交章

【原文】5.16　子曰："晏平仲善与人交，久而敬之。"

【今译】孔子说："晏平仲和人相处的时候非常和善，交往了很久仍能与人相互敬重。"

【通解】晏平仲是齐国的大夫，姓晏，名婴，谥号平。

"交"即交友，此意即晏平仲善于交友，之所以善交，体现在"久而敬之"四字上。

所谓敬之者，意思是晏平仲能敬人，他的敬人和一般人有所不同，一般人敬人只是初次见面时能以敬心相待，若相处久了就很难做到。晏平仲则不然，他能对友人保持长久的敬心，一如初见，距离把握得适度、有礼。此为晏平仲之德。

晏平仲之所以能如此交友，在于他能善交其德，若对方是无德之人，无论如何敬都无济于事，唯与有德者相交，才能相敬如宾。夫妻之道如此，与朋友相交亦如此。一般人不善交友，无论有德无德，只是以利为重，只要有利可图即可，如此之友，很难有适度二字可言，或者太近，或者太远。太近容易互伤，太远则不能交心，于是敬心就变成了诌媚，或演变成了另一个极端，即仇恨。

人生最大的缺憾是没有朋友，人生最大的遗憾是和朋友变成了陌生人。曾经谈天说地，志同道合，高山流水般的友谊再也回不到从前，从无话不说到无话可说，一切都成为从前，如此交友之道，既无互敬，又不能长久。凡此种种皆因一个"利"字作祟，乃无敬无德之结果。

因此，善交友者，以德为重，次以敬之。如若不然，只能是人以群分，物以类聚了。

【按语】交之于人也，久处则互欺也。斯乃人之诟病，晏平仲与人之和善，故能相敬，相敬故能长久弥新弥香。与人交，"善""敬"不可放于言而虚于行也。

交人成久远

相敬亦和善

平仲乃典范

善敬当相兼

居蔡章

【原文】5.17　子曰："臧文仲居蔡，山节藻棁，何如其知也？"

【今译】孔子说："臧文仲私养一只大龟，龟室的柱头斗拱上雕刻山水，梁的短柱上画了藻草，俨然如天子供奉祖宗的庙宇，如此作为，他的智慧如何，可以知道了。"

【通解】臧文仲是春秋时期鲁国的大夫，名孙辰，谥号文。

根据史料记载，臧文仲是位智者，但他做了两件事情完全让他"智者"的名誉大打折扣。

其一，"居蔡"。蔡即大龟的名称。古人以龟卜问吉凶。传说在南方的蔡地善出龟，所以以蔡为龟名。用来占卜的龟身大小也有严格的规定，天子用来占卜的龟叫"蔡"，身长一尺二寸，诸侯一尺，大夫八寸，士人六寸。居即藏义。臧文仲是从事占卜事宜的大夫，藏了一只大龟，是否接私活就不知了，但私养"蔡"是越礼的行为。史书上说臧文仲私藏"蔡"的行为是"作虚器"，意思是有其器而无其位，他当时应当将大龟上交，而非私养。若是有智慧的人，不会做这样的事情。

其二，"山节藻棁"，节，屋中柱头的斗拱。刻山于节，所以称山节。棁即梁上的短柱。藻即水草的名字。画藻于棁即藻棁。将养大龟的地方装饰得像天子供奉祖先的宗庙一样；比如在柱头和斗拱上雕刻山水，房梁的短柱上画上水草，极为奢侈。说明了两点：一是他居住的宅子也是富丽堂皇，生活奢华。二把"蔡"私养在华丽的屋子里，是向大龟献媚，以祈求得到庇佑。若是有智慧的人，不会做这种事情。

经文中说："何如其知也"，从这句话反映出儒家重人本的思想。在动物与人之间，首先应当关怀的是人，臧文仲的做法完全是重物轻人的玄虚行为。如此做法，他的智慧如何，不言而喻。

就像小区里有些遛狗的人，给狗吃的比给人吃得还好，这本无可厚非，但让人难以理解的是，一个对狗这么有爱心的人，对自己的亲人却非常的冷漠。臧文仲养大龟是为了趋吉避凶，那些爱狗胜于爱人的人，究竟是何希求呢？

　　丰子恺先生常劝孩子们不要踩死蚂蚁，不是为了讲什么积德、报应，也不是为了要保护蚂蚁，而是为了要培养孩子从小就有一颗善良的心。他说，如果丧失了这颗善心，今天可以一脚踩死数百只蚂蚁，将来这颗心发展起来，便会变成侵略者，去虐杀无辜的老百姓。这便是人爱动物最完美的诠释了，而臧文仲之"爱"龟，完全是为了利己。

　　【按语】臧文仲金屋藏龟，非重物，乃重于趋福也，夫福者，尊礼容众而后得也，非谄媚于灵龟而能降其身焉。故"其知可知也。"

爱物以爱人

借假修成真

此理若颠倒

仁心何处寻

忠清章

【原文】5.18　子张问曰："令尹子文三仕为令尹，无喜色，三已之，无愠色，旧令尹之政，必以告新令尹。何如？"子曰："忠矣。"曰："仁矣乎？"曰："未知，焉得仁？""崔子弑齐君，陈文子有马十乘，弃而违之。至于他邦，则曰：'犹吾大夫崔子也。'违之。之一邦，则又曰：'犹吾大夫崔子也。'违之。何如？"子曰："清矣。"曰："仁矣乎？"曰："未知，焉得仁？"

【今译】子张问夫子："令尹子文三次当令尹，没有表现出喜悦。三次被罢免，没有显示出怒容。更将旧的政令非常清楚地交接给新的令尹。他这样的做法如何？"孔子说："很忠心。"又问："有仁德吗？"回道："只是忠，还没有见到他的仁德。""崔杼犯上作乱杀了齐王，陈文子放弃了拥有十辆马车的大家产，去到其他国家，看到的情况和齐国差不多，犯上作乱的事情时有发生，感叹说：'和我国的大夫崔杼杀害君王的情况差不多'，于是离开此国，到别的国家，又感叹说：'和我国的大夫崔杼杀害君王的情况差不多'，于是又离开。他这样的做法怎么样？"孔子说："很清正。"问夫子说："有仁德吗？"夫子说："只算是清正，但没有看到他的仁德。"

【通解】子文是楚国的令尹，斗氏，名叫谷于菟（tú）。子文的父亲叫斗伯比，斗伯比在他父亲去世之后跟随母亲住在舅舅家，后与他舅父的女儿私生子文，因为羞耻，便偷偷将子文扔到山草中，结果斗伯比在打猎回来的路上看到有老虎在给一个婴儿哺乳，就将他抱回家。楚国人把乳称作"勃"，把虎称为"菟"，因为是虎奶喂大的，所以取名"勃于菟"。后来知道是伯比的儿子，就叫斗勃于菟。长大后非常贤良，子文是他的字。子文在担任令尹时曾举荐子玉代他带兵攻打宋国，结果率领百乘大军都没有获胜，子玉见兵败而自杀，子文为此辞官。另外还有两次被贬职，但每次离开令尹之位，都能将自己所办之政务交接清楚。他的所作所为被夫子评价为"忠"，意思是说子文很忠正。

接下来再介绍另一个人物——陈文子，他是齐国的大夫，名叫须无。在陈文子担任齐国大夫期间，崔子即崔杼，因为齐君与他妻子有恋情，加之崔杼为了取悦晋国，于左襄公二十五年，崔杼将齐君杀死。陈文子为此而抛弃了拥有十辆马车的家产，跑到其他国家，以争取别国的武力支持，讨伐崔杼，结果每到一个国家，看到的情形似乎和齐国差不多，都如崔杼一般犯上作乱的乱臣当道，如此几番奔波，国国都是如此，一片礼崩乐坏的乱象，随之放弃了原来的计划。对于陈文子的行为，夫子评价为"清"。

或许子张鉴于夫子曾经做过鲁国司寇的原因，亦奔波于春秋诸国之间，而这两个人与孔子有类似的经历，就以为他们的行为就是"仁"的表现了。结果夫子评价子文为"忠"，评价陈文子为"清"，并没有以"仁"嘉许。

由此表明了仁与忠、清之间的区别，如果把仁比作奔流的大江，那么"忠"和"清"就如大江里的沙子和溪水，但不能将沙子单独说成是大江，亦不能称小溪为大江，此理亦如是。

仁德不是只包含某一种品德的全称，而是对整体素质的综合，即使有忠心，亦不能就此而以为其善仁义，有仁德。

【按语】令尹子文三任三黜，无喜亦无愠，旧政传新任，乃忠也。陈文子违之于乱邦，不肯从其政，乃清也。仁者必有忠清，而忠清未必得仁。夫子故曰"焉知仁！"

> 子文任免无喜愠
> 敬事为忠传旧政
> 弃乘追恶是为清
> 无有忠清独为仁

三思章

【原文】5.19 季文子三思而后行,子闻之曰:"再,斯可矣。"

【今译】季文子凡遇到事情,都要思考很多次才能下决定,因此而被世人所称赞。孔子听说此事后便说:"思考两次就可以了。"

【通解】季文子是鲁国的大夫,名叫季父行父,文是他的谥号。季文子其人在历史上褒贬不一,举例说明,《左传·襄公五年》记载;季文子去世后,在为他举行葬礼的时候,人们才发现这样大的一个官竟然什么家产都没有,是彻头彻尾的"四"无主义:无妾、无马、无金玉、无多余的器皿。说明他清廉而忠公,这是褒奖的一面。但在《左传·宣公元年》上又说:当时鲁宣公篡立,各国诸侯未派使者来贺。按惯例,国君新立,其他诸侯派使者前去祝贺,以表示承认其权力的合法性。当时齐国是大国,如果齐国派出使者来参加,其余各国必定仿效。于是,宣公派季文子出使齐国,用金钱贿赂齐国,以期得到支持。据说,季文子最初是愿意出使齐国的,但转念一想,觉得不妥。不过,经再三考虑,季文子最终还是替宣公出使了齐国,并且做了贿赂的事。就此事而言,季文子的反复思索并没有使他做出合乎礼制的事情,这是季文子存在争议的一面。

因为"深思熟虑"的原因,季文子尽管被人们所称颂,孔子却对此持反对意见,其原因在诸家学说中并不统一,如果在此研究,恐怕有违初心。我们单就夫子为什么会反对"三思而后行"进行讨论。

季文子的"三思"并不单指三次,而是很多次的意思。夫子说的"再思"也不是指两次,而是指在已经想清楚利弊的情况下,就不用再思考,果断行动即可。反复思考,会产生出很多想法,从而限制行动,错失机会。作为长远的计划,思考多次无可厚非。可是对于即将发生的事情，或者是非要在当下必须做出决定的事情，若是多次思虑，成功的概率就少了很多，亦有违"直"之本性。

【按语】三思而后行，重于行。若思不扰行，多思亦无不可。然多思而后难择者多。夫子恐人重思轻行，故曰"再思可以！"一思乃初心，二思乃择轻重而行也。人无初心必无动力，事无缓急必至败。

> 三思而行非谨慎
>
> 瞻前顾后无一用
>
> 一思初心悠然成
>
> 二思轻重缓急行

宁武章

【原文】5.20 子曰："宁武子，邦有道则知，邦无道则愚。其知可及也。其愚不可及也。"

【今译】孔子说："宁武子在国家政治清明的时候显得非常有智慧，国家政治灰暗的时候就显得很愚笨。他的智慧还可以达到，他的愚笨却非一般人所能达到。"

【通解】宁武子是卫国大夫，名俞，武是他的谥。他年轻时，卫懿公当政，此公爱鹤胜过爱人，给鹤封官加爵，无心于政治建设，官民一片怨声。北狄南下，军民无力抵抗，卫国灭亡，懿公被敌军俘虏，先杀后食，惨不忍睹。

后来，卫国在齐国的帮助下复国，卫文公继位。宁武子在文公身边为官，因为才智过人，受到重用。文公励精图治，政治清明，宁武子在"邦有道"的时期发挥了自己的才能。文公去世，成公继位，昏庸无能，国政荒疏，决策失误，误判当时诸国形势，无视霸主晋国的拉拢示好，招致武力打击，被迫出逃。

在国家危难之际，众多大臣见风使舵，明哲保身，或归隐退居，或另谋高就。宁武子始终追随成公左右，尽力操劳，内外斡旋，成公终得回国复位。此后，晋国胁迫周王室欲毒死成公，经宁武子疏通，保护了成公性命。这些事都发生在卫国"邦无道"的时候，从历史记载来看，宁武子是有作为的人。

经文中，"其智可及也，其愚不可及也"句，自古意见不一，一说：这是夫子在讥讽宁武子。另一说：此语在肯定宁武子。从宁武子的事迹来推论，他在国家昏暗无道之际，佯装愚笨并不是为了保全自己的性命，实乃等待时机以图救国，是大智，而这样的愚笨确实非一般人就能做到。在历史上如越王勾践、三国刘备、司马懿都曾用过佯愚的行为以等待时机，当然，其事虽同，其理却异。

儒家反对明哲保身的个人主义，提倡国家天下的济世情怀。"其愚不可及也"

之句,语境上充满了情感。夫子身处春秋礼崩乐坏的"邦无道"时期,既不能像宁武子那样为自己的国家效力,又不能放弃自己的理想情怀,只能游说于诸侯之间,以期建立大同世界,在此种境况下,非佯愚就能解决最根本的问题。如果说宁武子的佯愚是为了等待机会,那么夫子游走于列国之间就是"明愚",明知不可为而为之,砥砺前行。真是时代不同,人不同,做法不同,无论宁武子的"佯愚",还是夫子之"明愚",都是为了寻求复兴之道。依此而论,夫子此语应该是赞叹宁武子的。

【按语】宁武子以佯愚而救国于倒悬之际,非一般人所能企及。此智者,阳也。此愚者,阴也。故曰:阴在阳之内,不在阳之对,蓄势以待发,志所不移也。此愚者,夫子深赞之。于不能作为时,行有为之大事,此大智者也!

> 政清才智成
> 无道愚藏忠
> 非是胆小人
> 蓄势待以行

狂简章

【原文】5.21 子在陈,曰:"归与!归与!吾党之小子狂简,斐然成章,不知所以裁之。"

【今译】孔子在陈,叹道:"回去吧!回去吧!我故乡的那些弟子志向很大,像那美丽的锦缎,文采斐然,正不知如何裁剪呢!"

【通解】史料记载,鲁哀公三年(公元前491年),其时孔子60岁。季桓子病重,弥留之际,对人感叹说:"从前鲁国即将兴旺,我罢免孔子,国家由此衰落。"并交代他的嗣子季康子说:"我死之后,你辅助佐国君,一定要召回孔子。"季桓子死后,季康子继位。想召孔子,大夫公之鱼献言:"定公曾经用过他,未能始终,被诸侯耻笑。如今再任,如不能善终,又会受诸侯耻笑。"季康子说:"那召谁才好?"公之鱼说:"冉求可以。"于是就派人召回了冉求。当时孔子周游至陈,居住了三年,时值晋、楚争霸,两国轮番攻打陈国,后来吴国也来攻打陈国,陈国常常遭受侵犯。冉求准备起身前往,孔子说:"这次鲁国召冉求回去不会小用,而会重用。"此时,夫子离开鲁国已经十多年,到过卫、曹、宋、郑、陈、蔡、楚等七个国家,遭遇了种种的曲折和磨难,加之陈国又遭受欺凌,不得安宁。冉求被自己的国家召回,故乡再一次映入了眼帘,望着冉求离去的背影,夫子似乎看到了他可爱的故乡,故人正在向他招手!并发出了感叹,说道:"回去吧!回去吧!我故乡的那些弟子志向很大,像那美丽的锦缎,文采斐然,正不知如何裁剪呢!"

一个长年在异国他乡漂泊的人,对故乡的思念是深厚而深沉的,每当遇到故乡的人,听到故乡的名字,思乡之情更是按捺不住。

夫子说:"归与!归与!"实在赋予了太多的情感,细细体味,竟然有许多伤感!

"吾党之小子",党即乡党。吾党之小子是指孔子在鲁国的门人,孔子周流在外，他坚定于大道的传播和周礼的复兴，加之道不能行，将所有的希望寄托于后进，志心培养年轻一代，再有此次应召归国，然其才德实在不足以堪大任，所以，夫子也许希望他在鲁国培养的弟子们能精进于学问，有朝一日能有大作为。

"狂简"，狂者志大，简者疏略。也就是有大志而才学尚疏浅之人，是狂简者，必有志进取，不忘初心者。

"斐然成章，不知所以裁之"斐者文貌。章，文章。如乐章，五声变成文，亦称章。此乃喻辞，比如布帛，虽然已经编织而未裁剪，则仍无确切之用。

读此章，可知圣人之救世心切。回乡的心情亦是那样的深切和迫不及待！

凡人、圣人思乡之情是一样的。但圣人思乡不同之处，不只为与亲朋故友叙旧，更多的是为多灾多难的故土培养出人才，那将是对故乡最大的回报！

【按语】夫子历经十四载，后居陈三年，历晋、楚攻打陈国之战乱，又值冉求召之回国，思乡之情更切，细读"归与！归与！"文辞情境犹现。"我党之小子狂简，斐然成章，不知所以裁之！"当为回乡之由也，更乃夫子"少者怀之"志向之体现。

> 我乡有青年
>
> 志向亦斐然
>
> 需待裁剪全
>
> 思乡心已还

夷齐章

【原文】5.22 子曰："伯夷，叔齐，不念旧恶，怨是用希。"

【今译】孔子说："伯夷、叔齐，不念过去他人所做的恶事，所以内心没有怨恨。"

【通解】《史记》将伯夷、叔齐排列在列传之首，说明了二人在华夏文明中的重要地位，后世的学人亦给予了他们很高的评价。

据记载，伯夷、叔齐是孤竹君的儿子。孤竹君想立叔齐为继承人，但是等孤竹君去世以后，叔齐却要把君位让给伯夷。伯夷说："这是父亲的遗命啊！"于是逃走了。叔齐也不肯继承君位也逃走了，国人只好拥立孤竹君的次子。

当时伯夷、叔齐听说西伯昌能够很好地赡养老人，就去投奔。到周地时，西伯昌已经去世，武王继位，大举讨伐殷纣，并把他父亲的灵牌载在兵车上，向东方进兵。伯夷、叔齐勒住武王的马缰谏诤说："父亲死了不葬，就发动战争，能说是孝吗？作为臣子去造反自己的君主，能说是仁义吗？"武王身边的随从人员听此言论，要杀掉伯夷、叔齐，幸好被太公吕尚阻挡，并赞叹说："这是有节义的人啊。"待武王平定商纣暴乱之后，天下都归顺了他。

伯夷、叔齐却认为这是耻辱的事情，坚持原则，隐居在首阳山上，以野菜充饥，至死不吃周朝的粮食。临终赋诗一首：登彼西山兮采其薇矣，以暴易暴兮不知其非矣。神农虞夏忽焉没兮，我适安归矣。吁嗟徂兮命之衰矣。意为："登上那西山啊，采摘那里的薇菜。以暴臣换暴君啊，竟认识不到那是错误。神农、虞、夏的太平盛世转眼消失了，哪里才是我们的归宿？哎呀，只有一死啊，命运是这样的不济！"

伯夷、叔齐不念旧恶，此"恶"字，应当和"既往不咎"有相同之意。过去的已经过去，即使灰暗，即使充满怨恨，依然不会影响对古圣先贤的推崇和仰慕，依然不会放弃效仿他们的决心，以恢复自我的仁性。近代以来的学者对于伯夷、叔齐的言行褒贬不一，但在这两千多年来的一代代忠烈之士的身上，随处可见伯夷、叔齐的身影，正是中华民族有了这样的两位道德楷模的出现，才铸就了我们这个民族的铮铮铁骨。韩愈、文天祥、史可法无一不是捍卫华夏文明，抗击侵略的典范。如果非得说伯夷、叔齐有怨的话，这种"怨"也是因为社会伦理的塌陷所造成的不良效应。如果人人都能如他们那样忠于仁义道德，这个社会将不会出现拐卖孩子、搞传销、毒奶粉等诸多事件。人与人相互谦让，相互信任，忠诚尊重，官民和谐该有多好！若能如此又有何怨？

读此章可知，圣人担忧道德之得失，凡人担忧利益得失。人性具备了成圣就凡的两种可能，希圣希贤之人，只要在生活日用中时时训练自己，滴水可以穿石，禀气可以剔除，仁性总能恢复。

【按语】伯夷、叔齐，以仁为志，不图虚利，饿于首阳，终不弃信，若有怨何必如此。昔日之恶，当以史为鉴，当为后世做典范，此当无怨无悔矣！

圣德若尧舜

言行效伯夷

以史当作鉴

无怨首阳山

乞醯章

【原文】5.23 子曰:"孰谓微生高直,或乞醯焉,乞诸其邻而与之。"

【今译】孔子说:"有人说微生高很直?别人向他讨醋,他不直接说没有,而是向邻居讨来再转给他。"

【通解】微生高是鲁国人,名高,微生高虽然在《论语》里出现的次数不多,但他的故事却在历史上影响深远。比如成语"尾生抱柱"讲的就是他,说尾生与女子相约于桥下,结果突发大水,尾生守信,不肯离去,最后被水淹死。

本章则讲述了另外一个关于微生高的故事:微生高因为为人正直,乐于助人,受到乡邻赞誉。有一次,朋友家里的醋用完了,向微生高来借,结果他家也没有,但并不回绝,便回身向邻居借了一坛醋,转身送给了这位朋友。夫子对于此种做法并不赞成。如果当时微生高知道他家没有醋,直言实情即可。假如实在不忍朋友为此而奔波,便转借他人之醋,以解朋友之难,也应该向来借者说明清楚醋的来处,如此才是"直"。但微生高并没有向来借者说明醋从何来,说明微生高是为了博取"助人为乐"的虚名而去做,并不是真正的为了给朋友解决问题,是为"曲"。

类似于微生高的朋友找微生高借醋这样的小事情每个人都经历过,乃至于朋友借钱、借物的事情也时有发生,孔子以寻常小事喻义,告诉我们"曲"和"直"就在生活中,在细微的地方,在你我之间,如果处理不善,不但影响修养,甚至还会给我们的生活带来诸多的烦恼。

有人认为这样的小事情不必太认真,那么编者既然将这件小事情记录下来,必有用意。其一、夫子以寻常之事诠释曲直之关系。其二借醋事小,微生高好名为大。有些事情之所以处理不好,极有可能是私心太重,譬如道德绑架,又或者是为好名利所致。明明是个明白人,反倒因为这些而糊涂了。这是夫子所反对的。

读此章可知，曲意逢迎别人，必然有其他目的，以"善"的名义违背道义，便是虚伪。

【按语】直者无所求心，曲者求其全也。微生高借醋事小，求名事大，学者于此事不可不慎。

> 微生好其名
> 借醋乞诸邻
> 直者好其心
> 曲者委其仁

巧令章

【原文】5.24 子曰:"巧言令色足恭,左丘明耻之,丘亦耻之。匿怨而友其人,左丘明耻之。丘亦耻之。"

【今译】孔子说:"以美言讨好人,以虚容取悦人,以抬动双脚赚取他人的好感,对于这样的人左丘明觉得很可耻,我也认为非常可耻。心里分明对他有怨恨而不表露出来,依然与他如朋友一般交往,左丘明认为这样的人很可耻,我也认为很可耻。"

【通解】左丘明是鲁国太史,和孔子(前551-479)同处一时代,年辈稍晚。是当时著名的史家和思想家,著有《春秋左氏传》等。司马迁称他为"鲁君子",且以"左丘失明,厥有《国语》"作为自己著述《史记》的典范。

左氏家族世为太史,左丘明又与孔子一起"如周,观书于周史",故熟悉诸国史事,并深刻理解孔子思想。这一点对司马迁创作《史记》启发很大。左丘明堪为中国传统史学的鼻祖之一:后世或称其为"文宗史圣"、"经臣史祖",或誉为"百家文字之宗、万世古文之祖"。历代帝王多有敕封:唐封经师;宋封瑕丘伯,改封中都伯;明封先儒,改封先贤。他品行高洁,为孔子所推崇,所以这一章说"左丘明耻之,丘亦耻之"。充分说明了左丘明的君子品行,后世学者通过此章认为左丘明与圣人可以同好恶,从"足恭"二字可以体现出来。

巧言者以言语悦人,令色者以颜色容貌悦人。足恭者,即从两足行动上悦人。从人情世故来说,一人若只说实话,不说好话,一副讨债的面孔,毫无悦色,又懒于双脚而什么都不愿意替别人做,这样的人恐怕将来连吃饭都会成为问题。但对于这样的人,左丘明觉得很耻辱,夫子也觉得很可耻!初读此章,不得其解,一个人为了生活，这样做也是迫于无奈，没有办法的事情。圣人们为何不能给予理解，反而还要认为这样的行为可耻呢？人活着不就是为了吃饭嘛！可圣人毕竟是圣人，说出来的话，也必然有道理，需要细细参究。

夫子说："食、色，性也。"性就是本性，即尊重人性本有的德性，更提倡君子的德操。现代人又说："人生不止有眼前的苟且，还有诗和远方！"这苟且的生活把自己变成了一个"油腻大叔"，忘记了精神上的上进，此乃为学之弊病。

明代的思想家王艮先生是王阳明的弟子，当时"心学"在理论上肯定了每个人都有成为圣人的可能，但在实践上，王阳明的学生则仅局限于士人阶层。王艮彻底贯彻了心学的全部内涵，并将其推展至贩夫走卒的平民阶层。他强调良知的现成自在，认为"百姓日用即道"、"圣人之学好学"、"不费些子气力、有无边快乐"诸如此番言语，如同禅宗不立文字、明心见性之法、正因此番议论，其思想受到底层大众的普遍欢迎，由此看出，即使对于生活没有保障的人都有完善自我的愿望，何况是已经有生活保障的人呢！的确，人生又何必只为了那点目的，放弃了自己而纠结地活着呢？圣人们或许并不反对以什么样的方式和人相处，而是厌恶只为利益而没有志向的苟且。所以说人无志则不立，这个志，就是完善自我德行的志向。否则，在圣人看来，是可耻的。更何况明明在心里对人有意见，还要表面上和他成为朋友，这样的人不要说是圣人觉得可耻，一般人也会觉得可耻，难道不是吗？

【按语】巧言令色足恭，圣人耻之，人亦耻之。然耻不同焉，圣人耻之，故能自省之。人所耻之，人所行之，受之！圣人所耻，非耻其行，乃耻其无君子之志者也。

> 花言巧语心无敬
> 圣贤省戒警世人
> 耻其志者非耻行
> 直到立志圣贤径

言志章

【原文】5.25 颜渊季路侍。子曰："盍各言尔志！"子路曰："愿车（ju）马，衣轻裘，与朋友共，敝之而不憾。"颜渊曰："愿无伐善，无施劳。"子路曰："愿闻子之志。"子曰："老者安之，朋友信之，少者怀之。"

【今译】颜渊、子路侍立在夫子左右，孔子说："大家各自说一下志向吧！"子路说："愿自己的车马，华丽的衣服与朋友共同使用，即使被破坏了，我心里也不会生出怨恨。"颜渊说："我不愿称赞自己的善行，也不愿将劳苦的事情给予别人。"子路说："我也想知道夫子的志愿。"孔子说："我愿对老者能有所安，以信对待朋友，以惠待少年，引发其感怀之心。"

【通解】读此章，透过文辞，和谐而庄重的画面浮现于脑海，圣贤气象迎面而来，引人入"圣"。

编者在颜回和子路的称呼上用的是他们的字，而非名，这种现象在《论语》中是少见的，究其用心不得而知，然其气象非凡之势，却能感知一二。

学此章，如能观想当时的情景，亦将自己也设置于一旁，亲见圣人与弟子之间谈论志向，心境自然不一样，所获亦不一样。让我们一起进入到当时的情景吧！

这是一个清风拂面，阳光明媚的日子，清脆的鸟啼声不时从远处传来，让人心情格外舒畅。夫子正襟危坐于榻上，颜渊、季路侍立于左右。此时，夫子缓缓地说道："大家各自谈谈自己的志向吧！"子路听夫子要大家谈志向，不假思索，提高嗓门，眉飞色舞地说道："我想将来把自己华贵的车马，漂亮的衣服与朋友们一起共享，不分彼此，即使这些东西被他们损坏了，我也不会觉得怅惜，更不会觉得有什么遗憾。"子路重友轻利，之所以重友者，乃重于德也。子路无憾，故而无恨，将自己之物，无私提供给朋友，并不觉得此物就是自己的，待朋友之诚可鉴，情深可知，如此待友，子路之志也。

颜回待子路说完，缓慢而沉稳地开口道："我要成为做了善事而不自赞，不把劳苦的事情给予他人的人。"颜回之志，不以善标榜己身，其善诚而不显，从本性而来。不以劳苦强加于人，其心恕也直，不忍见人苦，已近于仁。颜回欲潜行于世，以德行成德风，使百姓日用而不知，所以不标榜己之善行，亦不愿以劳役苛政施加于百姓，此颜回之愿也。

　　子路见颜回说完，就有点按捺不住地露出笑脸问夫子："我也迫切想知道夫子的志向。"孔子和蔼地点点头，便说："我要让老者能有所安，对朋友以信相待，用慈惠对待还在成长的少年们，以引发他们的感怀之心。"圣人之志，亦可以引申为儒门之宗旨。所谓老者，一家一国之老者皆为老，君子居家孝顺父母，为官体恤一域之老年人。为政倡行仁政，使一国之老者安泰晚年。所谓信者，不负天命，不违仁道。言合于信，不负信诺，君子居家行悌道，友爱兄弟，行于世，不辜负对朋友、天下人之承诺。所谓怀者，慈惠于青年一代，教导之，培养之，提点之，使其成德成才。观夫子一生，不畏困苦，东奔西走，倡导仁政，培养教育青年一代，从不放逸，斯言斯行，即是成道之显露，亦为儒门理想世界的标准。大同世界者，天下之老者皆有所养，有所安。天下之人，无有一人自欺者，亦无有一人被人欺。人人诚信友善，温良恭俭，德风大兴。青年人能受到良好的教育，并学有所成，成圣成贤。若能如此，天下太平矣。

　　师生三人，其志不同，归途为一，皆为德养功用，听见圣人与他的两位弟子谈完志向，如果你也在场，所言之志又会是什么呢？

　　小时候，老师也问理想，同学们大多都会说长大了要成为诸如警察，军人，科学家，医生等。完全职业化，何故会如此？或答曰：当警察是为维护正义抓坏人，当军人是为了保卫国家，当科学家是为了让人类的生活更便捷，当医生是为了人无病之苦。如是尔言，其中亦有爱人之心在其中，此心便是仁爱的种子。若为人师者于此间再行启发，以便让答者悉知此理想背后之动机，转而以"我要成为什么样的人"为其志向，是否更为妥帖。

　　志者，心力专力所向也。若无志，心力不能凝聚，何以成人？故而圣人每言学，必言志，圣人之志，既是自我之期许，亦是对礼乐复兴之期许。

　　若生而为人，只是为了某种职业而埋头读书，不说格局，不讲修德养，单就其毕生追求的职业能否实现亦是未知，若未能实现，其梦想是否就此而终止，以至于陷于迷茫呢？若实现了，又要用什么样的德能来继续支撑接下来的人生道路呢？以此观点论断，圣贤所立之志向更值得后人学习。

【按语】此章足见圣门之大气象，端庄活泛，灵动淡然。若人立志不求自安，释门有言："不为自己求安乐，但愿众生得离苦"，此同为大愿大志。人有大愿，必有大智，故能成就不凡之事业。季路重友而轻利，小无我。颜渊为善不施劳，中无我。夫子安人惠人，大无我也。此境人所向往之！圣贤三志大小各异，然者殊途而同归，志道所成！

子路志于友

颜回不施劳

夫子为德求

志仁无所由

自讼章

【原文】5.26 子曰："已矣乎！吾未见能见其过而内自讼者也。"

【今译】孔子说："罢了吧！我没有见过能自己看到自己过失而在内心责备自己的人。"

【通解】谚语说："当局者迷，旁观者清，"人们通常能够看清楚别人身上存在的问题，却很少看清自己，成了皇帝的新装而自欺欺人，自己骗自己，所以夫子才说"未见能见其过者"。

吾人须知，无论是凡人还是有德之人，都会犯错误，而有德之人和凡人的区别在于凡人不能正确地认识到自己的过失并加以改正，而圣人却能时刻关注自己当下的每一个心念。《六祖坛经》说："改过必生智慧，护短心内非贤"。夫子又说："闻过则喜"。有诗云："手执青秧插满田，低头便见水中天。六根清净方为道，退步原来是向前。"这个"退步"隐喻的就是人们能将注意力投射到自己的内心，并对其私意邪念予以勇敢面对。人之所以不能认识到自己的过失就是因为不肯有此种"退步"。

人不能见己过，首先是不能客观地认识自己。人心最善于自我保护，即使在一念之间意识到了自己的过失，但随之又出现了其他的念想，或侥幸之心刻意蒙蔽，或者自圆其说，使得视觉和观念迅速转变，最后将那一念"见己过"的心变成了"见他过"，强说自己之过失皆因他力促成，自己怎会如此。

还有一种人，总认为自己有道理，并形成惯性思维，根本不具备"见己过"的意识，所谓"小人求诸人，君子求诸己"，无论自己的过失，还是别人的过失，所有的过失都与自己无关，无睹于"见己过"之心。

把颜子的不贰过与此章结合来看，颜子则具备了强大的"见己过，内自讼"的自省能力。一个人只有在思想上认识到了过失的严重性，又能自我省察，善责己过，不但可以防过失，还能提高自己的觉性和修养，真正达到"防恶迁善"。等事情发生了再去自责，自罚，已经为时晚矣！

读此章可知，想要真正地成长，得具备从内心发现自己的过失的能力，如此才能真正将问题消除于萌芽状态，拔除私意，清明本性。

【按语】夫子叹曰"已矣乎！"足见圣人劝世之心切，以叹醒人。然自有欺，不能自见其过，故无自讼也。此亦凡夫与圣贤之有别处。人不能自见者，惧己之名利退，恐有失于俗言，此病者；一曰过往之积习，已成惯性。二曰执着于自我之颜面，不向己求。三曰无有志气，重于过失之有无，弃见过之觉性。

> 己过终不见
>
> 心安一天天
>
> 责人过者易
>
> 我行最满圆
>
> 有朝遇圣贤
>
> 方知退为前
>
> 所能成圣贤
>
> 皆在此一念

忠信章

【原文】5.27 子曰："十室之邑，必有忠信如丘者焉，不如丘之好学也。"

【今译】孔子说："即使有十户人家的小邑，其中必有如我一样具备忠信美德的人，但不如我这样好学。"

【通解】本篇章节皆在评说古今人物，以期引发学人之思考，从而明白圣门真意。此章在本篇结尾，阐述忠信好学之精神，以引人入道，虽然寥寥数字，但意义非凡，不可小觑。

十室为小邑，只有十户人家。而忠信是人本有的天质，与生俱来。丘（mou）者孔子自称名。经文之意，道出了两层意思；

其一：圣凡同本，忠信之质人人具备，更是为人处世的基础，十户人家里，必然有一两忠信之士。此忠信与圣人的忠信本无差别，夫子一言道出了凡圣的本质，亦有勉励之意。只要肯实践，忠信之事人人皆能行之，忠信之人，人人皆能成之。其二：凡圣有别。夫子曾言"吾非生而知之"，以好学得之，夫子好学，世人皆知，有言为证，诸如"学而时习之"、"三人行，必有我师"等，更有"发愤忘食，乐以忘忧"，如痴如醉，志心于学的生命状态。孔门三千弟子，只有颜回被夫子嘉许为好学之人。好学不是天生的，但一定是后天不断实践的结果，只是普通人无法感知学之乐，故而不能获得圣人好学之境界。如果忠信是天生的，好学却要靠后天的努力。忠信是为人的基础，好学是进步的阶梯，两者对于人生之成长尤为重要。天生易得，好学难得。通过此章可知"好学"二字才是孔子的真面目，也只有好学才是通往仁道的唯一途径。

【按语】忠信者，为人之根本，此与圣人同。然好学二字乃凡圣之殊途，唯有好学始能出凡成圣。夫子好学求仁，真乃人伦之楷模，天之木铎。

忠信人所俱

皆与圣人同

好学始有别

此见圣门学

雍也篇·第六

南面章

【原文】6.1　子曰："雍也,可使南面。"仲弓问子桑伯子,子曰："可也,简。"仲弓曰："居敬而行简,以临其民,不亦可乎? 居简而行简,无乃 太简乎? "子曰:"雍之言然。"

【今译】孔子说："雍啊! 可以让他面南而治理一个国家。"仲弓问道:"子桑伯子这个人如何呢? "孔子说:"其行可以称之为简。"仲弓说:"心怀诚敬,而行事于简,由这样的人亲临于民,不是更好吗? 若心怀简而行事简,是不是太简了? "孔子说:"雍说得对! "

【通解】雍,人名,姓冉名雍,字仲弓,孔子的弟子。

此章首句,夫子直言冉雍,说"雍可以南面",《易经 说卦传》云:"圣人南面而听天下,向明而治。"南方之卦为离,离为明,意为治理一方。由此来看,夫子对冉雍的政治才能给予了肯定。

冉雍听到夫子对自己的赞赏之词,便想起了子桑伯子,子桑伯子,具体姓甚名谁,因资料有限,无法详细介绍,钱穆先生认为此处的桑伯子和《庄子》里提到的子桑户是同一个人。《说苑》讲述了关于孔子见子桑伯子的故事,其时,伯子不着衣冠,简到极致,孔子认同他的品质,想对他宣导文义。

冉雍这个人挺有趣,他以子桑伯子极简的生活方式为题,想看看向来讲究礼乐之道的老师对子桑伯子此种人会如何评价。不曾想,夫子并无太多评说,只三个字"可也,简。"可也者,可谓之意,意思是可以称其为简。并不多言其他,若我是子桑伯子,一定会感激夫子对我的宽厚,当然,子桑伯子本人或许并不在意别人议论他。但夫子不论人恶,只见人善的德风于此尽显。若是有人如此问我,我可能会对子桑伯子之行为大讲特讲,不把自己的高明展示出来,誓不罢休。不知冉雍得到此种结果，又会是何种感受呢？

冉雍不得已，只能直述心中之所思，请夫子验证。

"居敬而行简"者，心怀诚敬，行事简单，不行苛政。为政者抱此种观念治理国家，领导民众，不是更好吗？"居简而行简"者，居于简而行于简，其心并无诚，此种简，流于粗鄙，故而言"太简"。诚敬乃礼之基本内涵，而礼是对当时社会秩序的基本保障，如果每个人都不修边幅，甚至简到常人不能效仿，就失去了教育民众的本意，反倒成了蛮夷之举。违背了"礼"的精神，达不到文简并举的中庸之道。

夫子对冉雍之言表示认可，故而言曰："雍之言然"。

在此章，冉雍说得多，夫子反倒说得少，圣人把说话的机会留给了他的弟子，而在关键时刻，只用几个字就点亮了弟子们的思想之灯，其中深意，须得细细体味。

【按语】面南者以清明之道治理一方。圣门三千弟子，只仲弓受夫子此美赞。此章以明"简"与"敬"之中庸之道。若简形于外而存于心者，为太简，谓为简之极也，礼所不至，故不能临于民而化于众。惟心存敬而行于简，礼可存也，可化民矣。太简谓质，有敬为文。文质彬彬然后化民以成俗矣。

心简行亦简

质美文从延

简行居诚谦

临民道不远

好学章

【原文】6.2　哀公问："弟子孰为好学？"孔子对曰："有颜回者好学，不迁怒，不贰过，不幸短命死矣，今也则亡，未闻好学者也。"

【今译】鲁哀公问孔子说："您的弟子中，哪个好学？"孔子对道："有颜回比较好学，他有怒气不迁往别处，有过失不会重犯，可惜他短寿已死，现在已经没有好学的了。"

【通解】哀公问夫子，您的弟子中，谁可以称为好学？奇怪，为何不问饱学，而要问谁好学呢？试问饱学之人还有进步的空间吗？好学之人则如浩浩的江水，为学之力，永不停息者是也，哀公故有此问。

孔子以后之数千年以来，无数学人，孜孜不倦而朝夕不舍，直向圣道，他们或者独领风骚数十年，乃至数百年，为华夏文脉继绝学，开太平，无有懈怠，此种气象可谓之孔门龙象，此种之人，可誉之为圣贤，可以谓之曰好学。若孔子今犹在，再问夫子谁是最好学的人？恐怕不止颜子一人。

总以为好学是那些从书本中不断探索，不懈追求的人才是好学的人，也总以为夫子删诗定礼才是好学。今读此章，才明白好学并不复杂，竟是如此简单，然又何其难行。

所谓好学，当如颜回之"不迁怒"。怨怒人人皆有，怒火中烧时全世界只有自己才是最正确，最受委屈的人，仿佛全世界都亏欠了自己。在遇到愤怒之事时，虽不显山露水于言行面容，但内心五脏沸腾，肺都要炸了，越想越气，只是碍于情面，不好发作。亦有喜怒不形于色的人，虽表面温和谦恭，只是不好宣泄而已。而颜回之好学在于遇怒事"不迁"，一是烦恼、愤怒不会在其内心泛起涟漪。就好像是往浩瀚的大海里滴了一滴墨水，毫无反应。二是不会将烦恼、愤怒转移到他人身上。君子求诸己，重在解决问题，不推卸责任，该承担的就要承担，该忽略的忽略，既不波及无辜，亦不将此情绪发于别处。有一种人，在工作上受了委屈，遭遇逆境，心有不爽，便要将此不爽之情绪转移至他人。还有一种人，便将不爽之情绪转移至好欺软弱者身上，以发泄情绪。凡此，圣贤皆不取。

所谓好学者当如颜回之"不二过"。谚语说"不在同一个地方摔倒两次。"还有人说"好了伤疤忘了痛。"在同一个地方摔倒很多次的人是傻子，不在同一个地方摔倒第二次的人是聪明人。从一个地方摔倒，从此不会在其他地方摔倒的人才是智者。颜子之"不贰过"，在于内心的警觉之能，他能警觉每一个不善的念头，见其过而内讼之。其次是不在行为上出现重复甚至相似的过失，言谈举止长存于端庄恭敬中，以尊礼为准则，并乐在其中，以非礼不言，非礼不视，非礼勿听，非礼不动为克己之法宝，如此，则能使过失减少，乃至无有过失。

由颜子的"不迁怒"、"不贰过"两件事情思考，为什么颜回能做到，而孔门其他人却不能？这还得从颜回的志向说起，志向大，胸怀就宽广，是为大器。无论何种人生之烦恼痛苦，必消融于其中，不起丝毫反应。志向小，心量就狭隘，如杯中之水，一滴墨就能淹没其晶莹之体。

【按语】好学者，惟夫子与颜回。不迁怒，迁者移也，扩大变化，于心内涟漪迭起，烦恼不断也者。不贰过者，既见己过，又内自讼，非礼不为，恭敬谦诚，希圣希贤，故不贰过，亦不迁怒。心有大志，乐在其中，岂能被习气所障碍。

怨怒自消灭

过失内讼绝

大志方能得

此谓真好学

辞与章

【原文】6.3　子华使于齐，冉子为其母请粟。子曰："与之釜。"益，曰："与之庾。"冉子与之粟五秉。子曰："赤之适齐也。乘肥马，衣轻裘。吾闻之也，君子周急不继富。"原思为之宰，与之粟九百，辞。子曰："毋！以与尔邻里乡党乎？"

【今译】子华出使齐国，冉子为子华的母亲代请大米。孔子说："给她一釜吧！"冉子请求增加，孔子说："那就加一庾吧！"冉子给了五秉米。孔子说："赤这次去齐国，有肥马为其拉车，身穿华丽的裘衣。我听说，君子救济急难的穷人，而不帮助富有的人。"原思是孔子的管家，孔子给他九百斛的俸米。原思觉得太多，请求减少。先生说："不必推脱，可以将多余的米接济邻居和乡亲们。"

【通解】子华即公西华，名赤，孔子早年的弟子。冉子可能是冉有，也可能是冉伯牛，因此处以子为称。所以，后人推测冉有的弟子也参与了整理《论语》的工作，但钱穆先生认为这一说法应当存疑，如果说确实是冉子的弟子所作，又为何要将其过失记于此章？冉求的门人并无参与《论语》的编辑工作。

此章讲述的是关于救贫和继富的事情，足见圣人的平凡和对于慈善事业的真切态度，时至今日，依然值得我们借鉴。

子华穿华服，驾豪车，一路悠哉游哉的出使齐国去了。然而，冉子却还要特别为子华的母亲到夫子处请米。冉子的行为让人不得其解；首先，公西华被称为中人，说明他并非不孝之人，他必定不忍自己独享荣华，让母亲忍受饥寒。既然如此，冉子为什么还要为其母请粟呢？原因何在？

从夫子对待冉子代借供米的态度上也值得思考，冉子向孔子请米，夫子只给了一釜（六斗四升为一釜），冉子觉得不够，请求增加，夫子又给了一庾（二斗四升为一庾）。但是冉子却给子华之母送了五秉（十六斛为一秉，五秉合八十斛，一斛为十斗）。从数量上看，夫子所给和冉子所送，在数量相差甚远，与之相比，夫子有点小气！

原思是孔子家里的总管，每月有九百斛的米作为俸禄。原思觉得太多，要求减少，夫子却温和地提醒他，可以接济邻居和乡亲，瞬间感觉夫子实在太大方了！

先有冉子要求加多数量，后有原思请求减少俸米，却均未能如愿，前者自己掏了腰包，后者反而惠及了自己的穷邻居。夫子不是小气，也不是他大方，而是他心里有一杆秤，这杆秤永远倾向于那些急需帮助的人，是为"周急不继富"也。周急就是救人于急难之时。继富则是将财物送给原本就富有的人，救人之急是善举，继人之富则无可称颂。

原思可能住在贫民区，左邻右里全是急等着大米下锅的穷苦人，而夫子拒绝了他想减少子俸米的请求，体现了夫子的普世观，更将他自己的这一观念通过原思传递给了更多的人。

我们没有必要去救济一个比自己还富有的人，亦不可因此而舍弃那些急需帮助的人，慈善与救济是人与社会之间温暖的枢纽，若人人都能为此而付出，这个世界该有多温暖。

【按语】冉子为子华母请粟，有违"不继富"之意。原思请降其俸，夫子以"周急"之善，拒其请，圣门之仁也。

> 救急从乡邻
> 可见圣人心
> 解难不急富
> 仁义大道兴

骍角章

【原文】6.4 子谓仲弓曰："犁牛之子骍且角，虽欲勿用，山川其舍诸？"

【今译】孔子评价仲弓说："一头耕牛生了一头浑身红色，两角圆直的上等小牛，人们虽不想用它祭祀，但山川之神会舍弃它吗？"

【通解】通过经文可以看出夫子对仲弓的褒奖，仲弓可谓德才兼备，但是因为他的父亲是有污点的人，或者说他父亲的品质比较低劣，因此，仲弓没有受到重用。夫子为此欲替仲弓伸冤，就以祭祀山川的祭品说事，为了自己的学生，为了善待人才，夫子也是蛮拼的！

"犁牛之子骍且角"犁牛即耕牛，古代不以耕牛为祭祀品。夫子举例说：如果一头低贱的耕牛，生了一头红色的小牛（周代以红色为贵），而且身材的长度高度，以及两只头角的圆度、直度都是符合祭祀山川之神的标准。面对上等祭祀之物，人们会因为它是耕牛所生的而放弃吗？如果不选用，那么山川之神就愿意这样舍弃一只上等的祭品吗？似乎在暴殄天物啊！

毋庸置疑，小牛会被选用。然而，对仲弓如此"南面"的栋梁之材，在国家正需用人之际，为什么就不能得到重用呢？

从上古三代以来，父亲品劣而儿子卓越的人物有之。舜的父亲也是一个品质很差的人，但尧启用了舜，是为舜帝，后来四海归顺，造福万民。大禹的父亲因为触犯了法度，被处死，但舜帝因大禹之才器，使之承担了治水的大任，大禹不负重托，最终取得了成功。

龙生龙凤生凤是常态，但绝非固态，选用人才更不该将常态当固态，而是要唯才是举，不拘一格。当然，这并不是说父亲恶，儿子就优秀，天下岂有这样的道理？在此，孔子想以祭祀之事，打破当时呆板的用人制度，以避免国家人才的流失。

考察一个人要全面周详，不能因为父辈瑕疵就否定他，还得综合考察，全面了解。而仲弓之大才，竟因其父之品劣而阻碍了他为国家服务的机会。从今而论，仲弓在政审上未能过关，被弃而不用。

【按语】耕牛虽贱亦生贵子，祭祀可用，山川之神亦不舍弃。仲弓德才可作南面之才，因其父劣而遭舍弃，此政之病垢也，夫子惜才，故言此语，用心良苦。

> 父子脉相连
> 仁德难能传
> 父罪子遭难
> 政务有所偏

三月章

【原文】6.5　子曰："回也，其心三月不违仁，其余则日月至焉而已矣。"

【今译】孔子说："回啊！他的心不违背于仁，可以长达三月之久，乃至更长的时间。其他人的心，就像这日月变化一样，不能恒久。"

【通解】在孔门众多的弟子中，唯有颜回被夫子以仁相许。此章便是见证。

"其心三月不违仁"，仁以心而言，即仁德。颜回在内心保持仁德不失离，时间可以长达三月之久，这里的"三"并非特指三个月，也可能是更长一段时间。其心能得仁，所以其言行亦与常人有所区别。

"其余则日月至焉而已矣"，其余者，即指其他人，至于其他的学生，夫子只说"如日月至焉而已矣。"至即不违，日月交替，光阴交错，仁德之心亦是如此，时隐时现，若有若无。对于学人而言，期望自己有一天能像颜回那样，三月乃至如圣人般恒久不违于仁。然而对于"日月至焉"稍纵即逝的仁德工夫，已有所区别，甚至对于"仁"的理解也可能只是停留在文字的认识上。究竟什么是仁？仁的境地又是怎样的一种生命的状态，也许只有真正达到之后才能知道。

当下的这个时代的大多数人，能在内心深处哪怕获得一丝的宁静，而不被烦恼，痛苦所侵袭，晚上睡觉不失眠就已经是难能可贵了。所以不难理解时下的各种心理学为何会异常火热，人们企图借助各种各样的方法以企解决各种苦不堪言的情绪和心理问题。顺心的事情似乎越来越少，烦恼的事情越来越多。物质上的极度丰富和精神上的极度贫乏，导致身心分离。想想住在难民区里的颜回，简单的食物，勉强可以充饥，就连喝水的器皿都没有，直接用瓢饮，但他的精神世界却是无比地富有，并乐在其中。

为什么颜回能做到，而我们却不能？当然，人不一定非得去过苦日子，或者富日子就能化解内在问题，重要的是，我们人生的目标是什么？终点在哪里？这个问题如果不能明确认识，其他的一切都只能是徒劳。当一个人以完善自我为人生的终极目标时，一切负面的情绪，一切负面的人和事，都会显得微不足道，也只有如此，快乐和光明才能在体内渐渐复苏，生命才会绽放光彩。快乐绝非他人所能赋予，拥有圆满人格的人才不会做精神的乞丐！一切靠自己，世上哪有什么救世主，唯一能拯救自己灵魂的是自己，越是私欲想要得到的，越是暗无天日。

时至今日，重读此章经文字，依然能被颜回的静默、安详所感动。感动于贫困中所孕育出的璀璨思想，感动于人性那最温暖的光亮。

通过此章可以看出"仁"在儒家思想的重要地位。外在行为的和善、有礼、文章，并非儒家所重，只有内外高度的合一，以仁为本才是儒家教育的核心所在。由此来看，学孔子，学圣人，当在心地上用功，先从须臾之间，再到"日月至焉"，乃至于念念为道，志心不改，才能复得仁心。

【按语】《中庸》有云："道也者不可须臾离也，可离非道也"。庄子曰："夫大道不称，大辩不言，大仁不仁，大廉不谦，大勇不忮。道昭而不道，言辩而不及，仁常而不成，廉清而不信，勇忮而不成。"道之所处，必于平凡，仁近于道，道不远仁，起于细微，念念不离，圣人谓颜回"不违仁"，未言至仁，此恐有隐情，不可明言。"日月至焉而已矣"者，或初见于仁也者，然不恒久，学人不可小视。夫子先谓颜回"不违仁"此仁之恒久者也，又言余则"日月至焉"虽有仁，未能长久持续，然以见仁。

> 恒久不失仁
> 处贫亦极乐
> 如日月风云
> 自在随处行

从政章

【原文】6.6 季康子问："仲由可使从政也与？"子曰："由也果，于从政乎何有？"曰："赐也可使从政也与？"曰："赐也达，于从政乎何有？"曰："求也可使从政也与？"曰："求也艺，于从政乎何有？"

【今译】季康子问孔子："仲由可以委任他从事政治管理工作吗？"孔子说："仲由行事决断，让他管理政事有什么难的！"季康子问："赐，可以委任他从事政治管理工作吗？"孔子说："赐，为人处世通达情理，让他管理政事有什么难的！"季康子问："求，可以委任他从事政治管理工作吗？"孔子说："求，多才多艺，让他管理政事有什么难的！"

【通解】孔子回到鲁国时，正值季康子用人之际，他向夫子询问了三个人的情况，以便量才而用：一是仲由，即子路，夫子说他行事果断，可以从政。二是赐，即子贡，夫子说他通达于物理，可以从政。三是求，即冉求，夫子说他多才多艺，也可以从政。

从夫子的语辞可以看出，此三位各有所长，各有偏重，若是从政当官，其德才已经足够，用人之道在于用人之长，避人所短，正所谓尺有所短，寸有所长。如何合理地使用人才，乃是一门很深的学问。夫子之所以能因材致用，正在于他能因材施教。

其一、"由也果"，果即果断，也就是子路行事果断。优柔寡断的领导不可能带领团队走向强大，例如项羽，虽然出身于贵族，才学过人，但在重大决策时，飘忽不定，错失了很多克敌制胜的良机，最终因为不能果断行事而叹息于乌江，无颜面对江东父老。

其二、"赐也达"，达即通达，也就是子贡通达情理。情理不能通达，难以于细微处了知大局，能在困境中寻找生机，从而突破难关。子贡作为儒商的代表人物，又精通外交，每次化险为夷的真正法宝在于能通达事物的本质，并作出了合宜的选择。常言说"当上帝为你关闭一扇门时，也为你打开了一扇窗"，但若不能通达，即使门在面前，恐怕也难以发现。

其三、"求也艺"，艺即才艺，也就是冉求多才多艺。他的才艺能深入群众，可以以此建立起通往大众心中的桥梁，雅俗共赏，寓教于乐。无论高深的哲理，神圣的宗教，严谨的学术，都有他深入民间的方式，而这种方式大多是才艺的形式进行。如此，既提高了凝聚力，又丰富了生活，所以，历代的政客都很重视这个方面的工作。

读此章可知，优秀的管理者必须具备三个特质，最少也要具备其中一点，才能有所作为。

【按语】季康子问于夫子，三贤各有能，夫子谓其强者，非谓其余之不足者也。仲由强于决断，子贡强于通达，冉求强于多艺。决断能担当，通达可化险，多艺能达人。此决断、通达、多艺，为政者必备其一也。

> 善果有担当
> 通达能兴邦
> 多艺可系乡
> 当政有一长

费宰章

【原文】6.7　季氏使闵子骞为费宰，闵子曰："善为我辞焉！如有复我者，则我必在汶上矣！"

【今译】季氏派人请闵子骞去费（bì）邑担任地方官，闵子骞说："替我善意地回绝吧！如果再来召我去，那时我已经在汶水之上了。"

【通解】闵子骞，名损，字子骞，比孔子小十五岁。此章所言季氏，极有可能是指季桓子，但根据前一章来看，亦有可能是指季康子。

鲁国三家，把持朝政，孔子辞官后，闵子骞亦随师隐退。然而，季氏在费邑的属地无人管理，想再次请闵子骞出山为政。闵子骞鉴于季氏无视君臣之礼，故而回绝，并特意交代，如再来召请，将去汶水之上。这段故事联想到了伯夷和叔齐，他们也是因为看不惯当政者违礼的行为而不肯为官，闵子骞亦是如此。他的洒脱和自在令人神往，昂然挺立的身躯，任清风吹打衣袖，我自岿然不动，人天一色，闵子骞仿佛在说：你做你的春秋大梦，我过我的自在生活，各玩各的，要是非逼我陪着你玩，我就去汶水之上，潇洒走一回！反正我不受束缚，来去自如！

总觉得有风骨、有正气的人，灵魂是自由的，个性是鲜明的，不违背于信仰，不违心于意愿，矗立于人海，别具一格！

于此章看到了孔门自圣人以至于闵子骞，已经非常系统地传承和沿袭了古德之风。他们不与犯上作乱者、侵略者为伍的高尚人格，撑起了这个民族的脊梁。由此一直沿袭至今，江山代代都有如此奇骏之士，实乃国家之幸！民族之幸！在此深切缅怀！

读此章可知，向圣贤学习，就要学习他们的伟大人格和铮铮风骨，如此才能让一个人铸就一身正气，屹立于天地间。

【**按语**】夫子辞官，闵子骞亦辞之，此伯夷、叔齐之遗风矣！不与犯上作乱者为伍，不向权贵低头。

铁骨趋仁义

不肯就权利

品贵有正气

浩然立天地

伯牛章

【原文】6.8 伯牛有疾。子问之，自牖执其手，曰："亡之，命矣夫！斯人也，而有斯疾也！斯人也，而有斯疾也！"

【今译】伯牛身患重病，孔子前去探望，从窗户里他握着伯牛的手，感叹道："失去了此人，真是没有道理呀，是天命啊！这么好的一个人，为什么会得这样的一种病！这么好的一个人，为什么会得这样的一种病！"

【通解】孔子在担任鲁国大司寇的时候，伯牛任中都宰。陆贾《冉氏源流考》云："冉氏乃少昊之裔，周文王之后。至曹叔振铎，封曹伯，又封曹侯，都曹，薨，葬陶邱……晋悼公伐戎，洗心奔鲁，鲁公妻之，生鲁子。鲁子业儒，南宫氏以女妻之，生离。鲁有齐祸，离奉南宫逃菏泽之阳，离娶颜氏。景王十年（前535年）生耕，十四年生雍。颜氏死，又娶公西氏，生求。三子从母（公西）命，学孔门。"据此可知，冉氏是周文王的后人，为贵族。孔门十哲中的冉伯牛（冉耕），仲弓（冉雍），冉有（冉求）是三兄弟，他们的父亲叫冉离。其中冉伯牛与仲弓是同父同母的亲兄弟，而冉有是他们同父异母的弟弟。

《论语》中，冉伯牛出现的次数不多，但孔子将冉伯牛和颜渊的德行列为同等，足见伯牛学问之深厚。

这一章，记载了夫子去探望病中的伯牛。据史书上说伯牛得的是传染病，为了防止传染，夫子"自牖执其手"，牖即窗户。夫子隔着窗户握住了伯牛的手，表达了抚慰之情。伯牛将死，师生隔墙相握，恐怕从此再无相见之日，依依惜别之情，溢于言表。

古注里有说夫子善医术，伸手过去是给伯牛把脉。如果确有其事，应该会专门记载。

通过这一章至少看出三点，一是：夫子特别看重伯牛，所以在他重病期间亲自前去探望，这在其他弟子中是罕见的。二是：夫子很惋惜伯牛。颜渊死后，夫子仰天长叹"天丧予！天丧予！"在伯牛生死之际，夫子再次叹道："斯人也，而有斯疾也！斯人也，而有斯疾也！"

虽用语不同，但都是重复句，语境上依然能感受到夫子对弟子的不舍和内心的痛苦！三是：生老病死是生命必然的现象，既要勇于接受，更要懂得珍惜，所以夫子说："命矣夫！"。

【按语】伯牛之疾，夫子亲往，足见师生情深。伯牛恐是恶疾，易传染，为重师，故由窗见，执手以慰。夫子轻于己身，重伯牛之病，长叹惋惜"命矣夫"者。生死之门，天理循环，善人亦不能违也。此叹，叹其早逝，此叹，叹失高足！

斯人有斯命
知命得清明
好学领大义
堂奥自虚灵

陋巷章

【原文】6.9　子曰："贤哉回也！一箪食，一瓢饮，在陋巷。人不堪其忧，回也不改其乐，贤哉回也！"

【今译】孔子说："贤良的回啊！只有一箪食物，一瓢饮水，在贫困的小巷子居住，别人为此而烦恼重重，回啊！他却不改初衷，其乐融融，贤良的回啊！"

【通解】颜回的物质生活极其贫乏，吃饭喝水都成问题，从在"陋巷"可以反映出其生活之困顿。陋巷者，顾名思义就是贫民窟，说明颜回的邻居们亦多为贫穷之人。他们过着今日不知明日食的日子，整日忧心忡忡。当时诸侯混战，民不聊生，加上自然灾害，估计农作物的产量也难以为继，如此境况，怎能不让人烦恼。然而，遭遇虽然相同，但颜子与其他邻居的反应却截然不同，夫子赞叹说"不改其乐"。孔子作为颜回的老师，看到学生的生活这么艰难，心里也会难过，但值得庆幸的是颜回的精神状态与所学正相应，故而赞叹之，此四字为本章之重点，可以就此四字，剖析两个观点，以供参考。

其一，为什么不改？常言说"穷则思变"，若不设法改变，就要忍受饥寒。颜回却不然，即使没有饭吃，也要继续求道，哪怕生活艰难，仍然矢志不渝。在他看来，这个世界上除了吃饭以外，还有更为重要的事情值得去探寻和追求。夫子曾言自己是："饭疏食，饮水，曲肱而枕之，乐亦在其中。"依此而论，夫子也有过生活无法保障的处境，仍乐在其中，不曾改变。在这点上，颜回和自己的老师如出一辙，难怪夫子要赞叹颜回。师徒乐在其中，不为一切困难所改变倒是可以理解，但他们二人之乐从何而来呢？

其二，如何才能做到？后来的宋明理学提出了"在孔颜乐处寻个去处。"由此打开了一扇向学之门，开启了儒学新风气。凡夫俗子，不敢妄断轻言圣人之乐的根本去处，语言于此亦显苍白和无力，唯有细细参寻，于生活中慢慢地体悟，或者在不经意间能有所获。从此乐在其中，好学精进，实乃人生一大妙处。

安贫乐道莫过于圣人和颜回，他们不受环境的影响而改变自己的志向，反而自得其乐，此种精神值得推崇和效仿，亦对人生事业有所助益。多少人原本规划好的人生，却在挫折和困境面前，毫无原则地妥协了，只要生活过得好，理想和追求终究只是梦想，随时可以抛下，即使想要成就一番事业，也需要专注与坚持，更何况是求道呢！看古今多少英雄人物，哪个不是"不到黄河心不死"，"不撞南墙不回头"的人物。时代从不缺乏有想法的人，只缺坚持想法的人。更何况是在成圣成贤的大道上，若不心如磐石，惟道是从，恐怕到头来一事无成，一无所得。

【按语】回之贤，贤于从师道，贤于志求于道。"饭疏食，饮水，曲肱而枕之，乐亦在其中。"此圣人之乐，洒脱自在。"箪食瓢饮，不改其乐"乐在贤人，可久处于约，可长处于乐。乐不在物求，求在于道，道之有所得，故有其所乐。宋儒谓"于孔颜乐处寻"，吾人亦可于此处寻个究竟处！

> 箪食瓢饮在陋巷
>
> 不堪其忧心难降
>
> 圣人赞回不凡响
>
> 不改其乐道心长

女画章

【原文】6.10　冉求曰：“非不悦子之道，力不足也。”子曰：“力不足者，中道而废，今女（汝）画。”

【今译】冉求说：“不是我对夫子教授的道失去了信心，只是觉得自己的力量不足啊！”孔子说：“力量不足，早在中途就荒废了，你现在自己却停下了，这是自我设限。”

【通解】有一天，冉求向夫子主动汇报了自己的思想，师徒对答之间，坦诚相照，谈话的氛围融洽和谐，引人神往。冉求总以为夫子所传之道太高深了，觉得自己的力量不足，大有望尘莫及之感，疑惑不解，特向夫子坦言，希望得到老师的开解。老师的回答平和中充满了鼓励，令听者亦看到了曙光。

“力不足者，中道而废”，意思即是：如果力量不足，在中途就放弃了。但冉求你如此的多才多艺，如果力量不足，智慧不够，怎么可能具此才华呢。“今汝画”言外之意乃是冉求不是力量不足，而是给自己设限了。前一章，颜回在生活无法保障的情况下，依然不改初衷，乐于求道。冉求于此处，自觉力量不足，故停歇不前，两者相比之下，不难看出心气上的差距。

他人的限制并不能将人置于困顿之地，只有自己将自己设限，犹如画地为牢，无有出期。颜子能乐于道者，在于其好学，好学在于有志。冉求之所以力不足者，乃是立志不坚，若志向坚定，焉有力不足之理。《逍遥游》里的鲲鱼，因有鹏程之志，才有振翅一飞，直上万里之壮观。若无志向，如此庞大之物，焉能高飞？依求道求学之理而言，自我限制，永远无法突破自我。有人认为成圣成贤这样高远的事业，只有诸如孔子、颜回等人才能做到，自己只不过一介凡夫，能过好每一天就不错了，如此，便永远地将自己划定在一个小圈子里随波逐流。对于生活的追求也是如此，暗自在心里对自己说"我不行"，"我不如别人"，越是这样越是对自己没有信心。其实，人活着需要一点"二百五"的精神，敢于向前冲，敢于向圣贤。每个人的心中都有一颗颜回般乐道的心，也有一个如冉求一样，自我限制、自我逃避的心。如果能选择相信自己，并树立志向，生机一定会重现。

阳明先生的门人王艮，早年随父贩卖食盐为生，他第一次在孔庙看到夫子圣像的时候，就对自己说"夫子是人，我也是人，都是凡人，为什么他是圣人，而我只能是个凡人"，从此立下志向，决心向圣人学习，后来学有所成，成为阳明子门下著名学者之一，开创了泰州学派。

【按语】冉求多艺，非力不足，若力不足，则中道已废，况乎多艺？夫子谓"今汝画"，乃明其志，乃醒其识。颜回不改乐，冉求不足力，此异者也！

人无志，力足而不知，鲲鹏非力足而后扶摇三千里，实乃先有其志，后有其飞。人与圣贤本无差别，圣贤乐在道中，不知力之所为。凡人于圣贤事业，甚觉自力不足，实乃志不立，志立则力足，尔后近道矣！

> 圣贤人皆能
> 非是己不行
> 人忌自封城
> 限地滞前进

为儒章

【原文】6.11 子谓子夏曰："女为君子儒，无为小人儒。"

【今译】孔子对子夏说："要立志成为君子儒，不要成小人儒。"

【通解】"儒"在孔子之前，是专门用于传播技艺、主持丧祭的门派，经孔子改良，变成了学派，具备了师道传承。以本章"君子儒"、"小人儒"之判别，亦能窥见前儒与后儒之别，所谓前儒即孔子以前之儒派，所谓后儒即孔子改造之后之儒学。

凡以求仁德为宗旨者，可称之为君子儒，凡以丧葬祭祀为职业者，可称之为小人儒，后世对此又重新定义，凡为私、为利之学便谓之小人儒。由此开始大力提倡为己之学，反对一切自私自利的小人之学。君子立于世，当如《大学》所云，重在修身、齐家、治国、平天下。

子夏被誉为文学第一，他当时有可能将重心放在了文字上，从而忽略了君子为学之根本，并陶醉在其中。圣人明察秋毫，特向子夏提出了要立身于君子儒的建议。

着手于本性的内在文章是君子儒；只重视文字上的文章便是小人儒，下学而上达是君子儒；停留于下学，而不志求仁道的便是小人儒。如果离开了下学，空谈上学不是君子儒，也不是小人儒，而是无知的人。下学而上达者，即游于艺，依于仁，据于德，志于道者是也。

【按语】率性天命，志求于道，内省于己者为君子之儒。为得他人之尊崇，只图功名利禄者为小人之儒。更有离下达，谈上达之狂学者，贻害更深。

> 君子儒为己
>
> 小人儒为利
>
> 狂者空道议
>
> 学人当谨戒

武城章

【原文】6.12　子游为武城宰，子曰："女得人焉尔乎？"曰："有澹台灭明者，行不由径，非公事，未尝至于偃之室也。"

【今译】子游担任武城的地方官，孔子说："你在那边获得人才了没有？"子游说："有一个叫澹台灭明的人，他走路不图捷径，若无公事从来不会进入我的居室。"

【通解】澹台灭明为澹台氏，字子羽，比孔子小三十九岁，孔子的弟子。

为政之道，在于以德行感召人才，并为民众服务，若无德才兼备之良才相助，则不足以证明为政者之德能。子游到任武城宰，夫子对子游任后的团队建设非常关心，某一天，师生相遇，夫子便问："女得人焉尔乎？"女即汝，你的意思，也就是你在任上有获得可用之才吗？子游不假思索地想起了澹台灭明，并向夫子描述他的两个最显著的特点，以证明其德才。

一者：行不由径。他走路时从不走捷径，不东张西望，显得有点愚笨的样子。在孔子以前，便有行不由径的规矩，澹台灭明能延续，说明他有古人之风，可见其内心的坦荡正直。现代人不太讲究走路的规矩，怎么方便怎么走，即便是过马路都可以不看红灯，横冲直撞。为了省时省事，连马路中间的铁护栏都敢翻越，经过别人家门口时总要回头张望一番，两只耳朵竖起来，总想捕获一点他人的隐私。如此虽未触犯到法律，但其内心之阴暗不言而喻，哪里还有修养可谈。

记得有一次去拜见一位长者，告知是某某推荐来的，老人家马上竖起大拇指，赞不绝口地向在座的人表扬推荐我去的这位朋友。老人家说：他从来没有见过和他一样有修养的人，为什么呢？他经过别人的门口，从来都是目视前方，走路方方正正，很有威仪。其他人经过我门口，总要往里看看，他在我旁边住了好几年，我仔细观察，从来没有一次往里面看过，所以就主动和他交了朋友。

二者：非公不入室。古人办公和今人差不多，办公和休息都有专门的地方。澹台灭明在遇到特别紧急的公事，大概正好是休息的时间，但为了工作，去过子游的私室，除此之外，再也不曾去过，或者去了，依然是为了公事。不像其他人，有事没事总喜欢跑去领导那里套近乎，拉拢私人感情，以图私利。

在子游看来，澹台灭明的这两个优点，具备了成为人才的条件。虽然都是细微的琐事，无不透露出他的修养和德行了。

【按语】为政当重人才。人才者，以德召之，夫子问于子游，以知其德，以知其才。子游荐澹台灭明，其由有二：一者，行不由径。此君子之威仪，心无旁骛，正大光明，于此细微处可知其修为。二者：非公事不入室。人皆有私隐，而澹台灭明入子游之室，实乃为公事而入，此君子同而不和，心不存私耶！

> 为政人才贵
>
> 子羽堪有最
>
> 行不图捷径
>
> 直心天地对

不伐章

【原文】6.13 子曰："孟之反不伐。奔而殿,将入门,策其马。"曰："非敢后也,马不进也。"

【今译】孔子说："孟之反为人不自夸,兵败后撤,他主动善后。快入城门时,他又策马急入,并说:'我其实不敢在后面拒敌的,实在是因为我的马跑不到前面去啊。'"

【通解】孟之反,姓孟,名之侧,字之反。

据《春秋》记载,鲁哀公十一年,鲁军与齐军交战,鲁军败退,按军纪,在后拒抗敌人者有赏。毕竟战争是残酷的,刀枪无眼,尽管居后封赏,然而性命攸关。但孟之反主动居后,为主力撤退赢取时间。队伍进入安全地带,要入城门之际,他又突然策马向前。原本是可以得到军功的,但为什么在入城的时候,反而快马加鞭地跑到前面呢?当时大概有很多人看到了孟之反居后拒敌的事情,众人不得其解。但事后他给大家的解释却显得有些轻描淡写,他说撤退时不是不想跑到前面去,而是马跑不快而已。如果真是马跑不快,那为什么在入城门之际又能跑快呢?这显然是不合常理的,恐怕他拒敌是真,马不能快是假,为了不居功,所以才有如此说辞。

他当时冒死拒敌是出于仁义之情,在此关键时刻不畏生死,以保护他人的性命。入城之际,险情已除,快马向前,是不想居功,此情不为别的,只想图个心安理得。换成是别人,拒敌的时候估计跑在最前面,要入城门时就故意拖到最后面,以便让更多的人知道他在殿后的事实,从而得到奖赏。

【按语】孟之反殿后拒敌,仁义之举,将入门而策马向前,乃是不居功,不自伐也者。此举非为己之学者不能为之!夫子以赞其德,足见圣人之仁处。

> 拒敌不畏惧
>
> 入门策马居
>
> 非是马无力
>
> 实乃仁义聚

佞美章

【原文】6.14 子曰："不有祝鮀之佞，而有宋朝之美，难乎免于今之世矣！"

【今译】孔子说："如果没有祝鮀那样的谄媚，以及像宋朝那样的美色，很难立足于当世而又免于灾祸。"

【通解】佞者，佞口，意思是祝鮀的口才极好，并受到了卫灵公的倚重，宋朝因为美色而受到南子的宠爱。夫子于此所说并非针对祝鮀和宋朝二人，而是有感于当时国君们只喜好美言、美色，不重视人才的乱象而发出的感叹。试图通过言辞呼吁当政者们能重新重视人才，尊重人才，远离谄媚、淫乱的小人，让时代扬起清风，使人才为国效力。

于此亦能感受到当时精英阶层的苦闷，真正的人才并不具备花言巧语，谄媚弄权地伎俩，也没有以美色诱惑领导的条件和手段。忠正德厚之人空有满腔抱负而不能为国家效力，实在可叹。

当上位者的权力在不受任何力量约束的情况下，他的品性会直接影响社会风气，上位者阴险狡诈，贪权好功，社会各种恶，在一大恶之下形成诸恶共体，使得普罗大众亦在不知不觉中变成了谄媚，淫乱，邪佞之人。倘若是上位者有仁德，则人才涌现，为政清廉，社会风气清正，人人都能乐其乐，安其安。然而，仁德之君却少之又少，集权苛政之君每个时代都有，有良知的精英阶层也只能奔走呼吁，却并不能对上位者形成有力的制约，以改变现状。而越是社会萎靡混乱，越是恶人当道，是越人才难以受到重用，直至整个政体坍塌时，才可能会反思，却为时已晚。最终走向灭亡，继而再由另一帮人来重新来过，如此往复循环。而孔子所处的时代正是奸佞当权的时代，一个让人悲叹的时代！

【按语】祝鮀谗佞，宋朝淫乱。于时，诸侯喜谗言，近美色，弃仁义，远贤良。

奸邪之人大行其道，正直之人难立于世，圣人叹世道不平，仁道难复。

祝鮀谄行世

宋朝色南子

诸侯喜于此

人才难乎时

由户章

【原文】6.15　子曰："谁能出不由户？何莫由斯道也！"

【今译】孔子说："谁会不通过门户而出入呢？为何没有人愿意在仁德的大道上通行呢？"

【通解】夫子于此处反复思考，为什么人都知道出入靠门户，做人怎么就不知道行仁道呢？虽是由常见常行的门户开始发问，最终关怀的仍旧是人性的问题，由此看到了两个道路，值得每一个人从中去反思；

第一个是生活之道。凡是人，没有不从门户而出入的，这是物质文明的象征，更是人与其他动物的区别，谁也不愿意整天靠翻越围墙而出行，更不愿意从墙壁上挖个洞钻出钻进。这是人人都知道的道理，也是每个人都不用思考而觉得当然要这样做的常规。人对物质求之若渴，挖空心思地去索取，这和穿墙越壁又有什么区别呢？

第二是精神之道，乃是行仁向善的大道，这个道本来应该和门户之道一样，是人与其他动物的区别之处。人只有在发挥了人性的良能，才能让人格趋于完善，这在圣人看来，比人们常行的门户更为重要。但如此重要的事情，为什么人们就能视而不见地放过了呢？行于仁道就像出入门户一样简单，人人可以行之，也都有机会行之，并没有什么门槛可言，很可惜被人们以各种理由忘记了，丢弃了。自尧舜以来，古圣先贤们致力于仁道的实践和宣扬，以唤醒行走在物质道路上的人们回归仁道。

有位外国学者曾说："一切人类努力的伟大目标在于获得幸福。"在他看来，追求幸福是人类社会永恒的主题。有人认为，只有通过丰富的物质生活才能获取幸福，有人认为，精神世界的不断完善才能获得幸福。在这样一个物质极其发达的时代，我们的精神似乎赶不上物质的变化。物质的丰富超越了精神世界，从而产生越来越多的精神、心理问题。这并不是说追求物质有错，而是我们在追求物质的过程中放弃了自我心灵的完善，让贪婪和自私不断地侵蚀道德，从而迷失人性。欲得人道，还得从心出发。

【按语】门户之道人皆行之，仁善之道成人之路，人皆掩之，不行于道，夫子叹之。道也者，不可须臾离也，可离非道也，日用不背于道，人能出门户而行于道者，圣人之愿也，成仁必行之道也！

出入在门户

成仁志于道

行人不觉晓

夫子于此教

文质章

【原文】6.16 子曰："质胜文则野，文质胜则史，文质彬彬，然后君子。"

【今译】孔子说："质朴胜于文采，则像乡野之人。文采胜于质朴，则如史书，文采和质朴相合才是君子。"

【通解】质乃质朴、朴实义。文乃文华，粉饰义。夫子认为优秀的人才需要具备"质"与"文"两种特质才算完满。如果"质"的特性超过了"文"，甚至根本就没有"文"的气息，这样的人会显得有点粗野，充满了原始特征，非但不能传承文明，更无法建立正常、文明的社会秩序。

如果"文"性太过，而"质"又不复存在，人就变得虚伪和不真实。历代多有学者批判"礼"的教化，认为太过虚伪。只有将"文"与"质"相互兼容，相互结合，这样的人生才会有生命的张力。既能在文饰中显示出人性的质朴，又于质朴中彰显人性的教化和文明。

于此，不禁想起了《红楼梦》里可爱的刘姥姥。她因生活在最底层，虽有点粗俗，实为生活所迫，又不善礼数，初进大观园就闹出了不少笑话。但她的质朴本性却让贾府这个于繁荣中失去质朴特质的大观园瞬间燃烧起了生命的火种。这出戏可以说是整部《红楼梦》里篇幅最长的一个章节，也是精彩的部分，太"质"与太"文"交织之后所产生出的人性火花让人感动。

人性亦如此，失去质朴，只会纸上谈兵，如果只有质朴而没有文饰，就会粗鄙。只有两者相合，才会使得人格趋于完美。

【按语】仁为心，质为骨，文为表，三者和而为君子之德也，今人又以求私利太甚，无以承担大公精神而弱不禁风。此乃吾辈当竭力担负处。

> 文史各有分
> 两者均其等
> 合而君子身
> 生机盎然生

生直章

【原文】6.17 子曰："人之生也直，罔之生也幸而免。"

【今译】孔子说："人的本性生而正直，不直之人虽然也能生存，但那只是幸免而已。"

【通解】此章经文，可作两种人的生活观念而论，"人之生也直"既是对人性本善的诠释，又是君子当为之事。"罔之生也幸而免"是以普通人而论。

"人之生也直"便是君子之道，生生不息之象。"生"字有两解，一说：生活、生存。另一说：指本性，本性直而无罔，所以生生不息，直向大道。程子云："生理本直"，其义与此说相近。就人而言，生是头等大事。复其本性更是君子的本分。从此观点而论，两说可以互参。直者，仁义礼智信。人生于世，当尽本然，当行分内，如是而生，方为人也。

"罔之生也幸而免"便是普通人常行之事。罔者，诬罔不直。此为只是为了生而生，此处之"生"与前一个稍有不同，意指生活、生存。幸既是侥幸。免就是免于灾祸。幸免而字近似于"苟且"一词，但略有不同。此中亦有两种说法；其一是指一个人并未行君子之道，只是为了好好活着，他们虽免除了灾祸，却并未见道德上的进步。其二：他们之所以幸免于刀兵劫难，是因为还有一些人在坚守道德，维护道义。这些人便是"生也直"的人。

读此章，若将"人之生"与"幸而免"，"生也直"与"罔之生"相互对照，细细玩味，自会有一番新意油然而生。

【按语】生者人之所求也，为仁者求生于道。直出于正，正近于道，故能成其生而近于天。为生而求生者，以罔求之，此虽幸免，全在于命也！

　　　　生为天之性
　　　　于直近仁本
　　　　罔中求生存
　　　　圣人以直行

知之章

【原文】6.18 子曰："知之者，不如好之者。好之者，不如乐之者。"

【今译】孔子说："以求知为学，不如以喜好为学，以喜好为学，不如以乐为学。"

【通解】修学以"乐"为标准，从"学而时习之不亦说乎"到"乐以忘忧"，细数一番，"乐"字竟然在整部《论语》里出现了48次。与"乐"相反的"苦"字竟然一次都没有出现过，由此现象可以得知儒家思想并不提倡以苦为乐的生命状态，而是要在修学如实地获得乐。夫子于此章提出了三个为学的层次。

一者以知为学。知者识也，为知为识，不为道，学习只停留在表面上，未能对某件事情有更为深刻之认识，犹如蜻蜓点水，此种人只是在圣门之外徘徊，因识不能深入而滞留于文字上。

二者以喜好为学。此种人因慕君子之德，喜好圣人之言，在精神上对圣贤之教化升起了信心，不再有质疑。每每听闻为学之事，为学之文，心里就无限向往，并乐意去实践，此种人已入圣人之门，只是未入堂奥。

三者以乐为学。此乐与夫子疏食饮水之乐，如颜回箪食瓢饮之乐同义，身心全然融于道中，乐此不疲地不断求索，再也不会受到任何事物的影响，念念之间，不离于道，言谈举止与道契合，与道相应。于此处悉知一切礼义教化之精神，悉知圣人传道之心切，故而废寝忘食，孜孜不倦，分分明明乐在其中。

夫子在此章，将为学之人总结了三个类别，以供学人对照。此亦乃修学的三个次第，于此一一向上，必然能克己复礼，断恶修善直至成圣成贤。

【按语】以知为学可以知儒家为礼之道，以喜好为学可知圣人弘道之大愿，以乐为学终能成圣成贤。夫子于此，将为学之道划为三段，一曰为知，二曰好知，三曰乐知，以乐为最，此三段为三类，亦乃三个次第。蕅益大师曰："知个甚么？好个甚么？乐个甚么？参！"供吾人参考！

求知学者初

好知近于思

乐者明其志

成圣已有时

中人章

【原文】6.19 子曰："中人以上，可以语上也。中人以下，不可以语上也。"

【今译】孔子说："中才以上的人，可以和他讲高深的学问。中才以下的人，最好不要讲高深的学问。"

【通解】在本性上人和人之间是平等的，但因气禀等因素之变化，使得人与人之间有了智慧、才能上的差异。比如夫子所说中人，是以智慧而论，但需要说明一点，仁与知是一体的，在此只言智而不言仁，非智中无仁，只是因为以智而论，更能分析得透彻。古人大致将人的才智归类为三等九品，即上中下，上中下的等次里又细分出上中下。上上智为圣人，并不需要教化。下下智的人，愚不可移，无从教化。中人即中智之人。中智之人，能行中道，遇事不偏，明辨是非。遇高深能存疑，遇浅显不轻视。故而可以语上，对中人语上者，乃是中人明白大道之深广，还有进步的空间，故而语之。

中人以下，不可以语上者，并非自中以下之人不可教化，乃是高深之语对中下之人难以受用，犹如大人非得要求小朋友如大人一般深谙世故，此皆属徒劳。但可以对中下之人以中下之语言之，使其有趋上之心，待其至中人，便可以语上矣。

生活中，各类人皆有，若不能明判其性，对其所言，皆为虚言，须得有个判别之法，才能使其得受用之语。

有一种人，聪明才赋令人叹服，诗词歌赋样样精通，对人言说头头是道，对圣贤之道似能融会贯通，然其心思却全在巧言令色，谄媚邀宠上，领导的一句话，一个眼神，他就能知道对方需要什么，应该怎么做，思维缜密到一般人无法超越的地步，但此种天聪与学问道德并不能相契，只因其心不在此道上，若与此种人大谈高远之事，便是对中下之人语上，无有是处。

譬如有些人只适合谈工作，却不能与其谈理想，有些人能谈理想，却不能谈道德，皆属品性不同。

读此章，可知何以有教无类，何以因材施教，何以循循善诱。简而言之，对象很重要。

【按语】此章见"中人以上"与"中人以下"之分。此非人有高低贵贱所分，实乃人之才智领悟所致，行教、传道，以当机为要，人不对机，时不对机，均不能诱人以行道，化人以成道。

才智有上下
意识分高低
行化于世间
当机语人言

樊迟章

【原文】6.20 樊迟问知。子曰:"务民之义,敬鬼神而远之,可谓知矣。"问仁。曰:"仁者知难而后获,可谓仁矣。"

【今译】樊迟问什么是知,孔子说:"事民众之所宜,对鬼神敬而远之,如此算是知啊!"又问什么是仁。孔子说:"仁者勇于承担难事,获得成果时,退居于人后,可算是仁啊!"

【通解】知即智,樊迟向夫子请教何谓智,夫子从民众之教化,社会风气等诸事入手,对樊迟作了阐述。

一是务民之义,智者以处理好民众的事务为要,首重人伦教化,古人列举了十义,以作为社会教化的标准和抓手。分别是:父慈,子孝,兄良,弟悌,夫义,妇德,长惠,幼顺,君仁,臣忠,以人伦。

二是敬鬼神。儒家并不否认鬼神的存在,亦非如宗教家一样对鬼神进行详细的描述,仅以祭祀而言。只在"敬"字截断众流,譬如"祭如在,祭神如神在"等语,由敬入孝,从孝而敬。上下工夫,如何去敬? 怎样才可以称之为敬? 这两个问题直接影响了其他宗教在中国本土的演变和融合。譬如佛教进入中国后,特别是提倡人间佛教的大乘佛法,广为流传,深受社会各个阶层的推崇,这与它以人本关怀的思想有着深厚的关系,并提出了"人成即佛成"的中国化的宗教观。道教也提出了以孝养和奉献社会为宗旨的宗教核心。此无不是受到儒家文化影响而形成。

《左传》桓公六年云:"民,神之主也,是以圣王先成民而后致力于神",历代的政治家也提出了"民义即天意"的人本思想,为华夏文明的繁衍起到积极而深远的影响。

在《论语》里记载,有一次,夫子因生病而卧床不起,子路建议向上天祈祷,夫子回答说"丘之祷久矣"。初看时并不能直接明白这句话的意思，夫子明明卧于病榻，为什么还说自己已经祈祷了很久了呢？其实这里的祷，就是夫子对"敬鬼神"的最好诠释。若是真有掌管善恶赏罚的鬼神，自会赏罚分明。我们只要做好为人者应尽的本分和义务，无愧于天地，自然会积善之家必有余庆。如是才是真敬，如此才是真的祈祷。

三是远鬼神。远者在理而言，有敬有远，如果遇到困难，遇到难事，就想着以祈祷鬼神而获得护佑，这不但是在亵渎鬼神，更对社会发展，人的德智开发不利。翻看中国历史，每当在国家遇到乱世时，必然有人会以宗教、鬼神等名义蛊惑人心，最终因其思想低端，不能有大作为，而受苦却是老百姓。最著名的有汉朝的黄巾起义，清朝的太平天国。看圣人教言，再对应后世的历史，无不一一应验。

其次是樊迟向夫子请教了关于仁的问题。孔子以"先难而后获"之言以阐发仁者不会知难而退，只会一心为大众谋福祉。夫子的一生正是在知难中不辞辛劳传道育人。其实，夫子不可能不知道大道不能传，也不可能不知道所处的时代是多么的难以改变，但他并没有退缩，明知不可为而为之，向苍天为人间讨公道。"后获"者想要之结果也，君子尽心传道授业，桃李天下是迟早的事情。

读此章可知诚心爱人就是敬鬼神，为人者应当做好应尽之分，修身养德，传道不懈，方是君子所为。

【按语】为知者，敬天爱人，乃敬鬼神之最好形式，为人者当尽人事，行人道，若神有灵，必佑之。若不能行人道者，即日日事鬼神，祸福未必能远离也。以身事人，即为事鬼神，此亦乃远鬼神之意也。

为仁者，行难行之行，忍难忍之忍，不为自己谋福祉，但愿社会得安宁。若有功于人，行功于人后，或以他得实惠而为自身之惠，不亦乐乎。此为仁者之真得也。

心存敬字当行仁

以身为香奉民众

不为个人求福祉

但愿天下得安宁

山水章

【原文】6.21 子曰："知者乐水，仁者乐山。知者动，仁者静。知者乐，仁者寿。"

【今译】孔子说："智者喜好水，仁者喜好山。智者常动，仁者常静。智者常乐，仁者常寿。"

【通解】本章所言之"智者"、"仁者"并非指两种人，而是生命所呈现出的两种状态。或许是夫子某日游于山水之间，有感山水和仁智与人的相似之处，故而发出如此既形象又优美的感叹。此章夫子将仁者和智者分了三个层次进行描述。

首明仁智之性。"乐"读音与"耀"相同，乐是效法，相似的意思。仁者像水一样，奔流不息，与《易经》乾卦，君子自强不息之意相同，浩瀚奔流，无有阻碍，并不拘泥于某一个形式或者形象，始终贯穿流通。仁者像山，岿然不动，以自身之德行，承载万物而不争。无论是山还是水，均与人性相同，人性与自然界相合，自然界与人在本质相同，彰显了天地之间最美的景象。

次言仁智之象。智者夜以继日，修德进业，《大学》云："作新明，苟日新，又日新。"今人云："好好学习，天天向上"皆为智之举。智者不断向上迈进，其象为动，若不动则滞矣。

仁者无欲，静而无染，以礼治心，不求私欲，就像大地山川一样，以本有的德性滋养万物，而从不向万物索取，所以静。

次明仁智之功用。智者因时时用功，日日实践，学用一体，立志求道，敏于实践，却并不急于求成，时时处于收获的喜悦，怎么能不快乐！

仁者长寿，寿有两种说法；其一：从精神思想而论，颜回乃求仁而得仁的贤人，却英年早逝，依次而言，仁者并不一定长寿，古人认为颜子早逝是因为饮食上缺乏营养所导致，属于个案。只是再长的寿命也有终结的一刻。从"亡而不朽"的思想来说，尽管仁者早逝，但仁者的精神思想完全超越了寿命长度不知多少倍，可以直接跨越百年千年而不朽不灭，这才是真寿。其二：从生命状态而论，仁者因为无欲，所以无求，无求者烦恼即灭，内心清明，自在喜悦，身心安然，故能百病不生，如此才是长寿的关键。这一说法特别适合现代人，我们天天在想着养生，但真正能拉长我们生命长度的是我们的心，古人说"上士养心，中士养气，下士养身"此言不无道理。

本章对仁智的描述虽然用了山水的形象和状态来比喻，可知固有的生命本体，并不冲突，可以一分为二，也可以合二为一，正所谓仁者见仁智者见智，仁与智本就一体，天人合一，唯仁者与智者能之。

【按语】夫子或于一日游于山水之间，有感人之仁智之性与山川大地本无二别，故有此言。此章首明仁知者之性，知者犹水，奔流不停，自强不息，刚健以进德修业。仁者犹山，滋养万物而不争。次言仁知者之用，智者日日向道，时时践行，故曰动。仁者以礼克己，无欲无求，故曰静。再叙仁知者之功，知者以乐求道，求道有乐，故不亦乐乎。仁者处世不争，心无挂碍，内外安然，故能寿，此寿有二，其一为精神说；或问曰："颜子为仁，为何早夭"对曰："颜子乃饮食不调所致"。再问："有过颜子寿者何其多，吾为何不知其人也？"对曰："颜子贤人，虽早逝，然其仁德足泽万世，故能传千年而不息。"其二为寿命说；古人曰："上士养心，中士养气，下士养身。"仁者乐而忘忧，身心能康泰，故而长寿。

此章虽有仁智二义，本为一体，可一分为二，可合二为一，正所谓仁者见仁智者见智耳！

> 仁智本一体
> 动静不相离
> 有乐与天齐
> 二者本为一

一变章

【原文】6.22 子曰:"齐一变,至于鲁。鲁一变,至于道。"

【今译】孔子说:"齐国一变,可以和鲁国的风气一样,鲁国一变就有王道的风气了。"

【通解】武王在世时考虑到其子年幼,委托周公旦将来摄政,周武王去世后,其子继位,是为周成王。后来时间一长,遭受了周公弟管叔、蔡叔的嫉妒,并怂恿武庚率领商族遗民进攻镐京,东夷其他诸侯也趁机叛乱,情况异常复杂危险。

周公召集太公吕望、召公奭召开紧急会议,形成了统一意见,由于三公齐心,不出一年就将叛乱平息。鉴于此次的经验教训,周公重新对属地进行了划分,将信任的人封为大诸侯,以管小诸侯,因太公吕望善于用兵,率师于封地齐国,负责震慑其他诸侯国。当时周公旦加封了72个大诸侯,比如姜太公的齐国,汉水中下游的庸国,周成王弟弟在北方的唐国、也就是后来的晋国,召公奭的儿子封在东北的燕国,周公旦儿子的鲁国,周公旦这一决策有力地促进了诸侯间的平稳。姜太公所率师旅,直接代周天子出师,平定东夷,其后代就逐渐发展成仅次于周天子的第一大诸侯。

周公旦时制定的井田制、分封制、宗法制、礼乐制,以及教育制度,刑罚制度等共同组成了周朝的分封制度,成为了封建制度的雏形。周朝的思想、文明、文化、风俗习惯成了中国文化的源头。鲁国因为是周公封地的原因,其社会风气,礼仪制度,依然传承了周公之遗风。

后来齐行霸道,鲁行王道,但至孔子时,鲁由三家执政,也是无道可言,鲁国无道,而齐国更不及鲁国。

根据《史记·鲁世家》记载:鲁公伯禽接受鲁国封地后,治理了三年才向周公汇报工作情况。周公就问他"为什么这么迟呀？"伯禽回答说："因为要改变鲁国的习俗，改革礼制，又制定了守丧三年的制度，所以才迟迟来向您汇报。"而太公吕望到齐国以后，不到五个月的时间就向周公汇报工作。周公便问："怎么这么快呀？"太公说："他们原有的君臣礼仪太过繁琐，我将他们进行了简化，这样就能通俗易行了。"再后来鲁国伯禽总是比齐国汇报工作要迟，周公就感叹说："唉，鲁国的后代将要当齐国的臣民了！政令不简约易行，百姓就不会对它亲近；政令平和易行，百姓就必定会归附。"通过这段历史，可以看出齐国与鲁国在初时就在政令上差距悬殊。齐国简约而行霸道，鲁国重礼乐而行王道。霸者之道虽然在统治手段上强过王道，但王道在礼乐文章的延续上要胜过霸道。

此章经文，孔子对齐鲁两国抱有一线希望，如果鲁国能遇到明君，就不会受三家所牵制，可以恢复到周礼，再次施行王道。而齐国若能得遇明君，就能将齐国的政治风气，民俗礼乐变成鲁国的王者之道。鲁国用德，齐国用刑，从刑到德，从德至于王道便能实现天下为公的政治局面。

读此章可知，再糟糕的处境都应抱着柳暗花明的希望。事物从产生到成长，再到壮大必然有一个渐进的过程。历史如此，人生也是如此。

【按语】齐自太公吕望，再至管仲助齐国成就霸业，无不以武为功，用刑于民，举贤尚功，是为霸者之道。鲁国自周公旦，再至伯禽，重在礼制，以养民性，尊尊亲亲，是为王者之道。齐国用刑，鲁国用德，谓道之以德。鲁国若欲明君，必能复周礼成王道。齐国如逢明君，必近于德。

侵他国者，王道不及霸道。治世者，霸道不及王道。

> 霸业兴齐地
> 鲁国续礼义
> 若皆逢明帝
> 仁道天下立

不觚章

【原文】6.22 子曰："觚不觚，觚哉！觚哉！"

【今译】孔子说："觚已经不是原来的那个觚了，还叫什么觚啊！还叫什么觚啊！"

【通解】"觚"（gū）是专门用来喝礼酒的器具，为了防止酗酒，古人对其大小和容量作了严格的规定。《五经异义》云："一升叫爵，二升曰觚，三升曰觯，四升曰角，五升曰散。"叫觚的酒器并不注重饮量，以少为主。

或许在某日，夫子端坐于榻上，久久凝视着茶几上那个叫作"觚"的酒具，若有所思，仔细回想着这些年所看到，所遇到的诸多事情，不觉感叹：啊！这觚已经不是觚了，还叫什么觚啊！还叫什么觚啊！周礼何时能复啊！天下何时能大公啊！或者在未来吧！

孔子时期，人们虽然用觚器饮酒，但已经失去"寡少"的概念，也不遵照用觚的礼法，想喝多少就喝多少，已然僭越了用觚的限度，他们还在用觚来饮酒，只不过是徒有虚名，徒有其器而已。

孔子借此用"觚"饮酒之事，以影射君臣、诸侯、父子之间违礼、不守本分的乱象。由此感知到夫子对时代的叹息和对礼的重视。

从夫子的叹觚之礼，再借此喻对比当时的各种僭礼之事，让人好生感叹，从古到今，有多少人借着一些看似堂而皇之的名目，做着欺世盗名的勾当，中饱私囊，"挂羊头卖狗肉"的事情。

读此章可知，圣人能从微妙处感知到大事物的变化，而事物的变化不是突然之间就发生的，而是从细微到成片，有一个变化的过程，如能在细微处入手，就能了知事物（时代）的兴衰，并加以应用。

【按语】觚者，礼酒之器皿。五经异义云："一升叫爵，二升曰觚，三升曰觯，四升曰角，五升曰散。"觚之器在寡少，不在自适于量，人虽用觚器，饮者不守其制，徒有其名。

　　　　　　　　沉湎用觚器

　　　　　　　　实以违古礼

　　　　　　　　世人借正名

　　　　　　　　成私贻无寄

从井章

【原文】6.24 宰我问曰："仁者虽告之曰：'井有仁焉'，其从之也？"子曰："何为其然也？君子可逝也，不可陷也。可欺也，不可罔也。"

【今译】宰我问孔子："如果有人告诉仁者，井里有人，仁者会入井行仁义而救人吗？"孔子说："为什么会这样呢？可以骗仁者去井边探视，但不可能陷害他落入井中。他有可能被骗，但不会被假象所迷惑。"

【通解】宰我向来喜欢向老师请教一些尖锐刁钻的问题。夫子却总是以温文尔雅的态度给予解答。

"井有仁焉"，"仁"与"人"字同，此句经文的意思是入井行仁，也就是当有人掉入井里时，仁者是否应当入井解救？宰我不是在和夫子抬杠嘛！人们常常会说愚忠愚孝，但很少听见有人说愚仁，为什么？夫子曾说"仁者必有知，知者不必有仁"。仁者并非只有仁，其中仁德中还包含了智慧。好比太阳的光明，能普照万物而没有一丝偏差，遇仁则仁，遇智则智，乃是全体皆现。若有人落入井中，仁者必然以智者的智慧，探明虚实，以两全之策设救，焉能被人巧言蛊惑，盲目入井呢。

有一则小故事，足以说明仁者必有智之理。有人问老师："您教导我们要对一切生物予以慈爱和关爱，如果有一只会蜇人的毒蝎身处危难，即使冒着中毒的危险也要用手将它救出，这样做算是慈爱吗？"师父笑着说"算呀！但为什么要用手去救呢？也可以找一个木棍将他救出呀。人要慈爱，也要有智慧啊，没有智慧的慈爱不能成为真正的慈爱。"

人受困于井中，也并不一定要入井才能救人，用绳索或者其他方法也是可以的。君子虽然可以被人以苦肉计所欺骗，但不可能因此而陷入其中，仁者以其智慧的双眼辨别真伪，亦不会被事物困在其中。

古人认为这是宰我以落井救人之事情，提醒或者讽刺夫子身处乱世，深陷其中，不能自救，还谈如何救世呢？而夫子的一句"不可陷也"更有一番深意；君子处乱世，当行有为之事，不能以保全自己为借口而逃避，应当尽己之所能，用智慧承担起尊周复礼的大事业。北宋大家张横渠先生的一番话足以表达儒者的志向："为天地立心，为生民立命，为往圣继绝学，为万世开太平"。

读此章可知，无论处在何种境地，都不能忘记自己的初心，放弃自己的梦想，应以坦荡的情怀，用仁智面对社会的种种变迁，以图有所作为。

【按语】宰我以井中有人焉，向夫子探仁者之本心，或讽夫子于乱世救世而不知危。然仁于井中，仁者设救，以智而行，不以愚为。故仁者可欺之，不行罔也。

深井落行人

仁者何辨分

智慧在其中

坎陷自有真

弗畔章

【原文】6.25 子曰："君子博学于文，约之以礼，亦可以弗畔矣夫。"

【今译】孔子说："君子能博学于一切人文典籍，又能自觉以礼为要，以实践为重，如此就不会违背、偏离于大道了。"

【通解】夫子对君子的叙述，在此章又多了两点，共三个核心。

其一为"博学于文"，其二为"约之以礼"，其三为"弗畔"。颜子在后面的章节中对夫子的这段话发出了由衷地感叹，知夫子者莫过于颜回，而欲知夫子者，亦可以于此章经文深参。

"博学于文"之文者，凡古往今来一切圣贤的言行，或者因他们而被后人所记录、整理的文章、论著，如《诗经》、《尚书》、《春秋》、《乐》、《易》等古代文献，诸如此类科目之经典书籍均被称之为文。如学人能逐一专心用功学习，学好一门，再学下一门，细细体会，必然能博学于文。而后明之以理，理明而行，不至于迷茫颠倒，背离儒者之本色。如果说人生是一辆汽车，把仁道比作大路，而博学于文，则不会让人生这辆车迷失航向，或者南辕北辙。所以古人才说"文以载道"，但文中之道又在哪里呢？孔子又云："人能弘道，非道弘人"，如此看来道必然在人，人能行文中之理，才能真正在心中有所感悟和收获，才能将真理付诸于现实。如果只是停留在文字的研究和经典的读习上而不去实践，就如帮人数钞票的服务员，守着成堆的钞票，最终仍然不属于自己。又如人以口说佳肴，终不能果腹，只有以身实践，老老实实地在行住坐卧，言谈举止，待人接物上"约之以礼"才能实实在在地感知到仁道之力量。

看圣哲先贤的行持，感触良多，古人"以礼制心"，以期达到"克己复礼"，成圣成贤之境。今人却以为礼是用来捆绑约束人身的绳子，甚至是枷锁，或者只作一些表面工夫，行些虚礼，于是乎，大家开始厌烦"礼"的存在，甚至抨击关于"礼"的一切言辞,所谓仁心不存,礼有何用? 其实,今人的"以礼制身"与古人的"以礼制心"相差甚远,因为没有达到内外合一,也就不能明了圣人重礼的初衷,竟成虚设。

有一位妈妈听说读《弟子规》可以让孩子变得听话,就让自己的儿子也跟着别人学,最初只让孩子能每天坚持念一遍就可以了,后来不知从哪里听了一些课程,就要求自己的儿子严格按照《弟子规》上的内容去"力行",比如"父母呼,应勿缓",妈妈叫儿子的名字,儿子要马上跑到妈妈的面前,如果没有做到,就要用竹板打孩子的手心。凡是父母对孩子说话的时候,孩子必须端端正正地站立在一旁,还要端身正意,认真去听,刚开始收效甚显,家里来了客人还要给演示一番,引来了众人的羡慕,都夸这位妈妈教子有方,但突然有一天这孩子离家出走,找不见了,在自杀时被人救了下来,幸好没有造成更大的伤害! 此事让闻者无不扼腕叹息,诸如此类,全把夫子所提倡的礼乐之道变了味道,失去了原貌,实在遗憾。

孔子所说的"约之以礼",完全是心法,不是手法,重在"约"字,这个约是对己的,自觉的、主动的、快乐而心甘情愿地去用心体悟,用心为礼,不是靠外在的力量甚至是靠监督去执行的就变成了教条。

礼乐之精神,以博学于文达到格物的目的,再约之以礼实现心正以诚的目标。如此,便可将"文"活泼起来,用礼行出来,一内一外,一动一静,动静结合,学用相长才不会背离大道,不会偏离修学的航向,所以夫子才说"弗畔矣夫"就是这个道理。

读此章可知,读书学习是用来明白道理的,更是向先哲借鉴智慧的,博学而后努力实践,以礼制心,以礼行仁,必能学有所获。

【按语】夫子于此章首提君子之三要目,其一曰"博学于文",其二曰"约之以礼",其三曰"弗畔"。是故颜子于后章节喟然叹夫子此教,此叹亦知颜子已明圣人之深意,学人欲知圣人,于此亦可知也。文者,自三皇五帝,尧、舜、禹、周、孔等先圣所载之文辞,语录,典籍,要论,譬如《诗经》、《尚书》、《春秋》、《乐》、《易》等古代文献。教人行之以道,因文以载道,文之不存,道将不复耶!

博文通古今

约礼在复仁

只在当下行

必能见圣人

南子章

【原文】6.26 子见南子，子路不说，夫子矢之曰："予所否者，天厌之，天厌之。"

【今译】孔子见南子，子路对此事不太高兴，孔子指着天说："我所做的这件事情，如果不合道义，上天会厌弃我，上天会厌弃我。"

【通解】此章言孔子见南子的情景，对于这场会见，聚讼久矣，从汉至今以来的学者对此事众说纷纭，难以得出准确或者相近的观点。首先就孔子是否对子路指天发誓这件事情，众学者看法不一，有人辩解说：夫子乃大圣人，是不可能对弟子发誓的。也有人认为夫子指天发誓并不是针对子路。还有一说，认为夫子不是在发誓，"矢"字是直接陈述的意思。

究竟夫子有没有对子路发誓，或者是一种怎样的态度来说这段话仍需考证。但通过这段话，想起了夫子的另一句话，"知我者，其天乎！"夫子以知天命、行天道为己任。此处之"天厌之！"依然是以天为心，足见孔子对于见南子这件事情所表现出的豁达和坦荡态度。

夫子又为什么要见南子？子路又为什么夫子见南子而不悦？先通过历史来了解一下；

根据《史记》记载；孔子离开匡地到达了一个叫蒲的地方，住了月余，又返回卫国，住卫大夫蘧伯玉家。卫灵公的夫人南子听说孔子回到了卫国，便派人去请孔子，并说："各国的君子，凡是看得起我们国君，又愿意和我们国君建立像兄弟一样交情的，必定会来见我们南子夫人，南子夫人也很愿意见见您"。孔子最先推辞谢绝，最后不得已还是去见了她。南子夫人坐于帷帐之中，前面用五彩珠玉做成的帘子作为屏风，以示男女有别。按照古礼，夫妻以外的男女是不能单独相见的。孔子进门后，面朝北叩头行礼，南子夫人亦在帷帐中拜了两拜，她佩戴的环佩玉器发出了清脆的撞击声。孔子与南子见面，具体谈了什么，历史上也没有记录。夫子回去后对人说："我本来不愿见她，既然不得已见了，还必须得对她行之以礼。"

相传，缺乏主见的卫灵公因为爱慕南子的美貌，连朝政都任由她操控，加之南子不太守妇道，行为不检点，名声不太好，流言蜚语传得沸沸扬扬。子路认为夫子没有必要去见南子这样的人，所以很不高兴。孔子就发誓说："如果这件事情我做得不对的话，上天一定厌弃我！上天一定厌弃我！"依《史记》而论，南子请夫子在前，夫子见南子在后，如果夫子不见，确实说不过去，毕竟是国君夫人，焉有不见之礼！

子路因为南子非善，认为孔子没有必要去见，或者认为夫子不应该向他行礼，其实这不是重点，重点是夫子对子路所说的这句话，夫子说："予所否者，天厌之，天厌之。"这件事情如果不对，天必厌弃我！夫子之心与天理合一，圣人的道大德全在这句话中完全流露了出来。何谓天？天对一切事物都给予同等的关怀和同等的爱，光明不会因为他是恶人而不照耀，也不会因为他是好人而多施予。至于作恶作善，完全是由人自己来选择，命由己造。夫子与天理同在，无论善恶，皆为其随机设教，以昌大道。

读此章可知，礼就像是太阳的光芒，对于每个人都赐予相同的温暖和光明，无论是对于穷人和富人，善人和恶人都应该给予同样的礼遇，向善人学习，给恶人补过的机会。

【按语】子见南子，及此章所涉细节，史家及自汉以来之儒者众说纷纭，难以抉择。南子请夫子在前，夫子见南子在后，此者，礼也！南子虽有淫行恶名，然以礼请夫子，若以恶名而远之，非圣人之所为也，礼之于人也，遇恶人礼亦行之，不以善恶而有别。夫子以天厌之而行本然之事，仁心也，故孟子曰："仲尼不为己甚"，此圣人道大德全之示现也。

> 南子恶名传
> 夫子以礼见
> 子路心不欢
> 惟天知圣贤

中庸章

【原文】6.27 子曰:"中庸之为德也,其至矣乎! 民鲜久矣! "

【今译】孔子说:"中庸之德,其理已经达到了极致,而民众不行此德者已很久且非常少了。"

【通解】中庸,亦称为中和,是儒家思想最重要的组成部分,古人将"中和、祗、庸、孝、友"合称六德。

中就是不偏,天下所有的事物,从细微到广大以中为正道。和就是不易,指一切事物之定理。它是在理、人、我三者之间自然形成的平衡的点,不偏不倚、不左不右、不上不下,上可应天理,中可守礼法,下可达人心,将这个点作为一切事物运行的守则,就是中庸。中庸之道至平至常至神至奇,却需要用心慢慢体会才能明了,为了能通俗中庸之理,特用故事加以引述。

曾点、曾参是两父子,同拜孔子为师。有一天,曾参因为做错了一点小事情,惹得父亲勃然大怒,拿起棍子便往儿子身上打,曾参恭恭敬敬地跪在地上任凭父亲惩罚,结果被打晕了。曾参醒过来后,还很诚恳地对父亲说:"儿子不孝,惹您生气了"。旁人看到了都夸曾参孝顺,父亲打成这个样子不逃不反抗,多懂事的孩子啊! 这件事传到老师孔子这里,孔子却很生气,待曾参去见孔子的时候,夫子不让他进门,并让人带话说:"你父亲在盛怒之下用粗木责罚你,有可能把你打死,若将你打死,你父亲事后会因为自己打死儿子,痛失爱子而痛苦难过,并背上骂名,即使不把你打死,打伤了他也会伤心,皆属过错。你见你父亲已经愤怒到失去了理智,就应该躲避,这才是真正的孝,你以为不躲避就是孝,却反而将父亲陷于不仁不义的境地里,是大不孝。"其实类似的事例在我们的生活中随处可见,但人们因为不懂中庸之道,只在公私之间,急功近利地抉择和取舍，人为地造成了许多乱象，后患无穷。所以夫子不由得发出了此章之感叹。

读此章可知，学习需要在生活中慢慢体验，在细微中细细观察，守一颗公正平常的心，善待每一个人，处理好每一件事，用心感受中庸之道的伟大和平实。

【按语】中庸之德，亦为中和之道，发明于尧舜，式微于春秋，值遇孔子得以传承，子思以"中""和"二字辨其义，以作《中庸》。中庸之德者，至平至常，至神至奇，不偏不倚、不左不右、不上不下、上应天理，中守礼法，下达人心，于细微至广大，无能离此德也。实乃致知格物，心正意诚之修正工夫也，发而皆中节，内外均和。

中庸为至德

发而皆中节

至正不偏斜

天理通礼和

施济章

【原文】6.28 子贡曰:"如有博施于民而能济众,何如? 可谓仁乎?"子曰:"何事于仁,必也圣乎? 尧舜其犹病诸! 夫仁者,己欲立而立人,己欲达而达人。能近取譬,可谓仁之方也已。"

【今译】子贡说:"如果有人对民众广施恩惠、救济患难,能这样做的人如何? 可以称得上仁者吗?"孔子说:"若能如此做,哪里是仁者所做之事呢? 这是圣人之行,就连尧舜都觉得力量不足啊! 所谓仁者,想自己立,便先帮助别人立。自己想达,便帮别人先达。能从近处取譬于诸身,如此才能说是行仁的方向了。"

【通解】子贡欲知仁政之貌,故而向夫子请教。

"博施于民而能济众",博施即广施,济众即救济之意,子贡以为以广施恩惠于民众,并能救济贫困便是仁政之举,心有所思,必有所感,想必子贡对于如何施行仁政也是做过一番工夫的,只因就此问题仍有疑惑,故有此问。若子贡直接问夫子:"何谓行仁"又不知夫子会有怎样的一番高论呢?

夫子所言之圣者,尧舜是也,他们不但有德行,还有权位,因有权位,故能将德行推行全国,惠及万民,若有权无德,民必遭殃,哪里还有什么仁政可行。两者缺一不可,而此两者,唯有尧舜可及。而子贡所言之"博施于民而能济众"的为政理想在夫子看来,哪里是仁政,简直就是圣人之政,恐怕连尧舜都觉得自己无力达到,故曰:"其犹病诸"病即力不足之意。

何谓行仁呢?

所谓行仁的方法即"己欲立而立人,己欲达而达人",意思是:自己是如此立的,立是"三十而立"的立,立一个向学的道心,也要教会别人也如此立。有了立才能达,达即通达,于学业技艺必须追求通达,不仅自己能通达,也要帮助别人通达。将自己所学所知，毫无保留地教给他人。

然后还要"能近取譬"也就是就近取材，以力所能及之事，给予他人帮助，而不图回报，这便是行人之方法。

读此章可知，平凡人相互成就，以利交利。仁者只成就别人而不图回报。无论是平凡的人还是仁者，世界因为有了他们的善举才充满了爱和温暖，使黑夜不再迷茫，让困顿不再无路！

孔子一生学之不厌，诲人不倦，真是行仁之楷模典范。又如黄石公教张良，鲍叔牙助管仲等典故，虽不及孔子，然其事迹亦成就了一段立己立人的佳话。

相传，管仲青年时就和鲍叔牙是好朋友，鲍叔牙知道他是有贤才的人。其时，管仲家境贫困，经常占鲍叔牙的便宜，鲍叔牙却始终待他如兄弟，并不在意管仲之所为。后来，鲍叔辅佐齐国公子小白，管仲却服事公子纠。小白成为桓公后，公子纠被杀死，管仲亦被囚禁，鲍叔牙就向桓公保荐管仲。管仲果然被录用，并掌理齐国政事，因为有管仲之辅佐，齐桓公因此而称霸于春秋列国，多次会合诸侯，匡救天下，此皆为管仲之谋略所促成。管仲说："当初我贫困的时候，曾经同鲍叔牙一道做买卖，分财利往往自己多得，而鲍叔牙不将我看成贪心汉，他知道我的贫穷。我曾经替鲍叔牙出谋划策，结果事情给弄得更加困窘和无法收拾，而鲍叔牙不认为我愚笨，他知道时机有利和不利。我曾经多次做官又多次被国君斥退，鲍叔牙不拿我当无能之人看待，他知道我没遇上好时运。我曾经因为多次打了败仗而退却，鲍叔牙不认为我是胆小鬼，他知道我家中还有老母。公子纠争王位失败之后，我的同事召忽为此自杀，而我被关在深牢中忍辱苟活，鲍叔不认为我无耻，他知道我不会为失小节而羞，却为功名不曾显耀于天下而耻。生我的是父母，了解我的是鲍叔牙啊！"鲍叔牙荐举了管仲之后，甘心位居管仲之下，其德行让人赞叹，值得后世学习。

【按语】行仁者，己如是立，亦如是立人。立而能达，就近取材，周急于人，不图回报，以成其全，此行仁之方也。

> 立达于诸人
>
> 能近取譬行
>
> 如是方为仁
>
> 于此见圣心

参考书籍

《论语义疏》	梁 皇侃著	中华书局出版社
《论语集注》	宋 朱熹著	中国社会出版社
《四书遇》	明 张岱著	浙江古籍出版社
《论语正义》	清 刘宝楠著	中华书局出版社
《论语新解》	钱穆著	三联出版社
《论语译注》	杨伯峻	中华书局出版社
《论语讲要》	李炳南著	长江文艺出版社